JN254920

WIZARD

マーケットの
テクニカル分析
練習帳

ジョン・J・マーフィー[著]　長尾慎太郎[監修]　田村英基[訳]

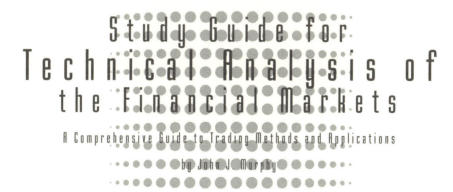

Study Guide for
Technical Analysis of
the Financial Markets

A Comprehensive Guide to Trading Methods and Applications

by John J. Murphy

Pan Rolling

Study Guide for Technical Analysis of the Financial Markets :
A Comprehensive Guide to Trading Methods and Applications
by John J. Murphy

目次

CONTENTS

レッスン **7**　移動平均　　　　　　　　　　　123

レッスン **8**　オシレーターとコントラリーオピニオン　139

レッスン **9**　　**ポイント・アンド・フィギュアとローソク足**　　155

最終テスト 175

本書の使い方

　この自己学習のマニュアルは、ジョン・J・マーフィーの協力と情報提供のもと、ニューヨーク・インスティチュート・オブ・ファイナンスにより作成されたものである。

　本書は、ジョン・J・マーフィー著『マーケットのテクニカル分析』（パンローリング）とともに用いることが意図されている。

　本書の目的は、テクニカル分析に関連した膨大な知識の理解度をテストし、その知識を定着させることにある。

　本書の使い方は簡単なもので、利用者の時間を有効に活用できるようになっている。以下の手順に従って利用することをお勧めする。

●本書を読み進む前に、本書のレッスン１を読んでみよう。そこには「読書課題」が載っている。最初のレッスンには、『マーケットのテクニカル分析』の第１章と第２章が割り当てられている。また、『マーケットのテクニカル分析』を読み解くうえで、合わせるべき焦点とその方向性を与えてくれる「目標」と「オリエンテーション」も載せている。さらに、重要な用語リストもある。各用語の隣には、その定義や意味が『マーケットのテクニカル分析』のどのページにあるかも掲載している。これらの用語には特に注意を払ってほしい。

●次に、そのレッスンが課題としている『マーケットのテクニカル分析』の章を読む。読むときは、目標と重要な用語を意識して読んでほしい。『マーケットのテクニカル分析』の質問に答えてみる。重要と感じたところには、ためらわず下線を引いたり、余白に書き込んだりしよう。

●その次に、レッスンの「練習問題」に取り組んでみよう。そこでは、問題や選択問題、穴埋め問題が用意されている。これらの問題は、で

きるかぎり『マーケットのテクニカル分析』を閉じて解いてみよう。
● 「解答と解説」を読んで、自分の解答と比較してみよう。これらの
試験を自己採点し、正解数を全問題数で割って100を掛ける。それが
自分の正解率である。この正解率が65％を下回ったならば、もう一
度、『マーケットのテクニカル分析』本文を熟読してみよう。

しかし、このようなことを行う目的は、自分に点数を付けることに
あるのではなく、理解が弱い部分を特定することにある。このような
目的のため、各解答には、参照となる『マーケットのテクニカル分析』
のページ数となぜこの解答が正しいのかを説明する簡単な解説を付け
ている。『マーケットのテクニカル分析』の関連するセクションを再読
することで、そのページの内容を再確認し、なぜその解答になるのか
を必ず理解するようにしてほしい。

第1章と第2章に関するこれらの課程が終了すれば、レッスン2へ
と進んでほしい。

本書は、内容の正確さには最大限の注意を払って作成されている。し
かし、内容の改善に関するご意見があれば喜んで承りたい。

ニューヨーク・インスティテュート・オブ・ファイナンス出版部

1

テクニカル分析とダウ理論

読書課題

『マーケットのテクニカル分析』の第1章と第2章。

目標

レッスン1の終了後に習得されるであろう内容は以下のとおり。

● テクニカル分析の基本用語・概念・前提を明確化すること
● ファンダメンタルズ分析とテクニカル分析を区別すること
● ランダムウォーク理論とダウ理論を比較対照すること

オリエンテーション

　第1章と第2章は主にテクニカル分析の基礎と背景を説明している。本書のレッスン過程を進めていくと、これらの章で解説された用語と概念が何度も繰り返し現れる。今のところ、このような基本用語を大まかに理解しておけば十分である。

　課題の章を読む前に次に挙げる重要な用語を見てみよう。これらの

用語を探しながら、『マーケットのテクニカル分析』を読んでほしい。『マーケットのテクニカル分析』を読み終わったら、14ページの問題に進もう。

重要な用語

チャレンジ問題

問題

　下のＡ～Ｖの用語に合う定義を１～21から選べ（定義は１回以上用いられるものや、まったく用いられないものもある）。

A. ＿8＿　アキュミュレーション局面
B. ＿＿＿　チャート分析者
C. ＿＿＿　確認
D. ＿＿＿　調整
E. ＿＿＿　デイトレード
F. ＿＿＿　記述統計学
G. ＿＿＿　ディストリビューション局面
H. ＿＿＿　ダイバージェンス
I. ＿＿＿　ダウ理論
J. ＿＿＿　効率的市場仮説
K. ＿＿＿　フェイラースイング
L. ＿＿＿　資金フロー分析
M. ＿＿＿　ファンダメンタルズ分析者のアプローチ
N. ＿＿＿　推計統計学
O. ＿＿＿　値動き
P. ＿＿＿　ランダムウォーク理論
Q. ＿＿＿　チャート分析者のための原データ
R. ＿＿＿　テクニカル分析
S. ＿＿＿　テクニカルアナリスト
T. ＿＿＿　トレンド
U. ＿＿＿　トレンドトレード

V.　_____　出来高

1．工業株平均と鉄道株平均のどちらか一方がシグナルを与えること

2．通常、33〜50％の逆行がみられる

3．日中のティックごとの値動きを取引する

4．反転パターン

5．価格・出来高・取組高

6．需要と供給が商品価格に与える効果の研究

7．工業株平均と鉄道株平均の両方がシグナルを与えること

8．賢明な投資家による十分な情報に基づく買い

9．価格がトレンドと同方向に動くときに増加すると考えられる二次
　　的指標

10．十分な情報に基づく売り

11．「時系列的に独立」した予測不可能な価格の振る舞い

12．データの表現法

13．キャッシュポジションの研究

14．中期的なトレード

15．切り上がっていく（あるいは切り下がっていく）連続した高値と
　　安値の示すパターン

16．集合データを基礎として行う一般化・投影・予測

17．市場の動きを分析する際に、主観的な判断を行う者のこと

18．将来のトレンドを予測するために、チャートを通じて行う市場の
　　動きの研究

19．商品の価格構造

20．市場の動きはすべてを織り込んでいる

21．価格の振る舞いを分析するためにコンピューターを利用する

選択問題

問題1のように、正しいと思う番号に○を付けよ。

1. テクニカル分析の前提として正しくないものは次のうちどれか。
   - a. 歴史は繰り返す
   - ⓑ. 値動きは市場の動きを反映する
   - c. 価格はトレンドを形成して動く
   - d. 市場に影響を与えるものはすべて価格に反映されている

2. ファンダメンタルズ分析者のアプローチとして当てはまらないものは次のうちどれか。
   - a. テクニカル分析のアプローチはファンダメンタルズの手法を含んでいる
   - b. 市場価格はファンダメンタルズ指標に先行する傾向がある
   - c. ファンダメンタルズ分析は需要と供給を研究する
   - d. ファンダメンタルズ分析は市場（相場）の動きを研究する

3. テクニカル分析において先物と株式で扱いが同じ、あるいは類似しているものは次のうちどれか。
   - a. 値付けの仕組み
   - b. 必要証拠金
   - c. タイミング
   - d. 上記のどれでもない

4. ランダムウォーク理論を最も適切に表現しているものは次のうちどれか。
   - a. 過去の値動きは将来の値動きの指標である

　　　b．価格の変化は予測できない

　　　c．多くの株式をランダムに購入することで市場に勝つことができ
　　　　る

　　　d．市場価格はすべてを織り込んでいる

5．ダウ理論を最も適切に表現しているものは次のうちどれか。

　　　a．価格の変化が将来の市場の動きの指標として用いられる

　　　b．各株式は平均株価のトレンドとは分けて考えなければならない

　　　c．市場平均はすべてを織り込んでいる

　　　d．上記のどれでもない

6．マイナートレンドの平均的な期間は。

　　　a．3週間未満

　　　b．1カ月以上

　　　c．約3カ月

　　　d．6カ月未満

7．ダウ理論の前提となるものは次のうちどれか。

　　　a．市場には上昇・下降・横ばい・後退という4つのトレンドがあ
　　　　る

　　　b．複数の市場平均はお互いに確認する必要がない

　　　c．市場の動きはすべてを織り込んでいる

　　　d．トレンドの効力が持続するという明確なシグナルが与えられな
　　　　いときは、どのような場合であってもトレンドの転換を予期し
　　　　なければならない

8．ダウ理論に従えば、トレンドの説明に当てはまらないものは次の
　　うちどれか。
　　a．トレンドは、「大」「中」「小」の3つに分類される
　　b．3つの局面で構成される
　　c．出来高によって確認される
　　d．トレンドはいつでも転換する傾向がある

9．ダウ理論に対する批判は次のうちどれか。
　　a．トレンドの重要な部分をとらえることができない
　　b．売買シグナルを発生させない
　　c．そのシグナルは通常、トレンドの開始を取り逃してしまう
　　d．アナリストが結果を評価する時間があまりない

10．以下のチャートにおいて、最も適切な買いポイントを選んでいる
　　のはどれか。
　　1．A、C、E　　　　　　a．1のみ
　　2．B1、B2　　　　　　b．2のみ
　　3．D　　　　　　　　　c．2と3のみ
　　　　　　　　　　　　　d．3のみ

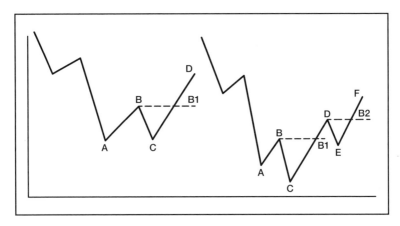

解答と解説

問題の解答

A. 8

B. 17

C. 7

D. 2

E. 3

F. 12

G. 10

H. 1

I. 20

J. 11

K. 4

L. 13

M. 6

N. 16

O. 5

P. 11

Q. 5

R. 18

S. 21

T. 15

U. 14

V. 9

選択問題の解答

1. b 『マーケットのテクニカル分析』の28ページ参照。

2. d ファンダメンタルズ分析は市場の動きの根底にある需要と供給に焦点を当てている。32〜33ページ参照。

3. d 32〜33ページ参照。より具体的には40〜44ページ参照。

4. b テクニカルアナリストがbを否定する理由は、49〜52ページ参照。

5. c 55ページ参照。

6. a 57ページ参照。

7. c ダウは3種類のトレンドのみを認めていたので、aは間違い（56ページ参照）。bも間違い（58ページ参照）。dが正しくない理由は60〜61ページ参照。

8. d a、b、cがトレンドの説明に当てはまっている理由は56〜59ページ参照。dが当てはまらない理由は60〜62ページ参照。

9. c 63〜64ページ参照。

10. b 60〜63ページ参照。

レッスン 2 チャートの仕組み

読書課題

『マーケットのテクニカル分析』第3章。

目標

レッスン2の終了後に習得されるであろう内容は以下のとおり。

● バーチャート、折れ線チャート、ポイント・アンド・フィギュア・チャートを区別すること
● チャートの情報を読み、バーチャートの構成要素を知ること
● ローソク足の基本的な構成要素を説明できること
● 出来高と取組高を区別すること

オリエンテーション

　本章では、バーチャート、折れ線チャート、ポイント・アンド・フィギュア・チャートといった伝統的なテクニカル分析で用いられる基本的なチャートについて説明している。また、ローソク足チャートも

出てくるので、『マーケットのテクニカル分析』第12章を読んでほしい。

重要な用語

チャレンジ問題

問題

　下のA～Fの用語に合う定義を1～7から選べ（定義は1回以上用いられるものや、まったく用いられないものもある）。

A.　__2__　　日足のバーチャート

B.　_____　　日中足のチャート

C.　_____　　折れ線チャート

D.　_____　　取組高

E.　_____　　ポイント・アンド・フィギュア・チャート

F.　_____　　出来高

1．その日の取引の終了時点で決済されていないポジションのこと

2．日々の値動きを垂直線によって順番に表したもの

3．市場の動きのデータを×と○で表現したもの

4．市場の動きを出来高のみで表現したもの

5．市場の動きを点と点をつないで直線で表したもの

6．当日の取引総量

7．1日に満たない期間の値動きを表したもの

選択問題

1．先物取引のテクニカル分析で最もよく利用されるチャートは次のうちどれか。

　a．ポイント・アンド・フィギュア

　b．折れ線チャート

c．日中足チャート

　　d．日足のバーチャート

以下のチャートを参照して、問題2～5に答えよ。

a.

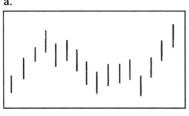

b.

c.

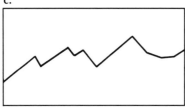

d.

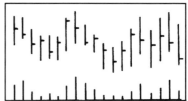

2．ポイント・アンド・フィギュア・チャートはどれか。

3．バーチャートはどれか。

4．折れ線チャートはどれか。

5．出来高が表示されているのはどれか。

6．バーチャートの右に突き出た短い横棒は何を表しているか。

　　a．1日の平均価格

　　b．終値

　　c．始値

d．累積平均価格

7．出来高の定義として最も適切なものは次のうちどれか。

　a．大引け時点で市場参加者が保有している未決済建玉の総数

　b．ある特定のコモディティにおける1日の取引活動の総量

　c．コモディティ全般の取引活動の総量

　d．CRB指数に反映されている取引活動の総量

8．取組高の定義として最も適切なものは次のうちどれか。

　a．大引け時点で市場参加者が保有している未決済建玉の総数

　b．ある特定のコモディティにおける1日の取引活動の総量

　c．コモディティ全般の取引活動の総量

　d．CRB指数に反映されている取引活動の総量

9．正しいものを選んでいるのは次のうちどれか。

　1．取組高の多さは高い流動性を反映している

　2．取組高の多さは出来高の厚みを反映している

　3．取組高の少ない限月よりも多い限月で売買するほうが容易である

　a．1

　b．1と2

　c．1と3

　d．1と2と3

以下の新聞記事と図を参照して、問題10〜15に答えよ。

軽質スイート原油（NYM。1バレル当たり42,000ガロン。ドル）

	始値	高値	安値	終値	前日比	一代高値	一代安値	取組高
1月限	26.70	26.84	26.47	26.80	＋0.04	31.50	26.45	5,112
2月限	26.73	26.81	26.46	26.78	＋0.01	31.30	26.47	23,212
3月限	26.57	26.71	26.38	26.70	……	31.45	26.37	16,343

10. 原油2月限で右図の点1に該当するのは次のうちどれか。

   a．26.73

   b．26.81

   c．26.46

   d．26.78

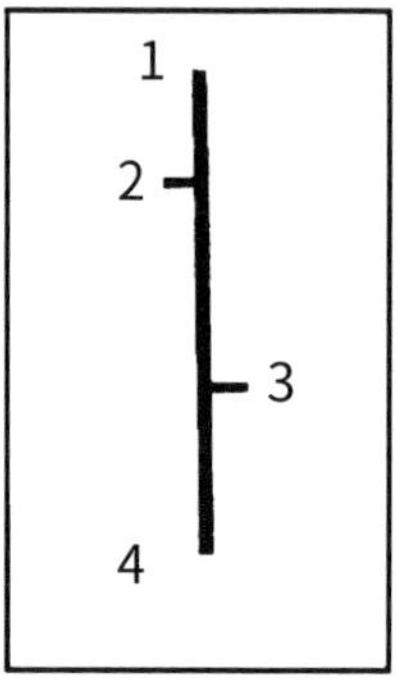

11. 原油1月限で点2に該当するのは次のうち
   どれか。

   a．26.70

   b．26.47

   c．26.80

   d．31.50

12. 原油1月限で点3に該当するのは次のうちどれか。

   a．26.70

   b．26.47

   c．26.80

   d．31.50

13.　原油3月限で点4に該当するのは次のうちどれか。

a．26.38

b．26.70

c．31.45

d．26.37

14.　原油1月限の前日の終値は次のうちどれか。

a．26.76

b．26.80

c．26.84

d．特定できない

15.　1日の終了時点で未決済建玉の総数が最も多い限月は次のうちどれか。

a．1月限

b．2月限

c．3月限

d．特定できない

16.　ローソク足チャート上でヒゲが表しているのは次のうちどれか。

a．始値と終値の間の距離

b．高値と安値の値幅

c．終値が始値より高いかどうか

d．始値が終値より高いかどうか

17.　ローソク足チャートで実体が表しているのは次のうちどれか。

a．始値と終値の間の距離

b．高値と安値の値幅

ｃ．終値が始値より高いかどうか

ｄ．始値が終値より高いかどうか

18. ローソク足チャートで白色の実体が表しているのは次のうちどれか。

ａ．始値と終値の間の距離

ｂ．始値と終値の値幅

ｃ．終値が始値よりも高い

ｄ．始値が終値よりも高い

解答と解説

問題の解答

   A.　2

   B.　7

   C.　5

   D.　1

   E.　3

   F.　6

選択問題の解答

1.　d　日足のバーチャートは、そのほかにチャート（ポイント・ア
ンド・フィギュアやさらに長期のバーチャートなど）が存在
するにもかかわらず、利用される機会が圧倒的に多い（68ペ
ージ参照）。

2.　b　このチャートを70ページの**図3.3**や339ページの**図11.5a**の
チャートと比較してみよう。

3.　aとd　これらのチャートを68ページの**図3.1**や、74ページの**図
3.7**と比較してみよう。

4.　c　このチャートを69ページの**図3.2**と比較してみよう。

5.　d　チャートの下側の垂直線は出来高を表している（74ページ参
照）。

6.　b　73～74ページ参照。

7.　b　aは取組高（75ページ）である。cは正しくない。なぜなら、
チャート上の出来高はそのチャートの銘柄についての出来高
であって、商品先物市場全般の出来高ではないからである。ま

た、ｄも間違っている。チャート上の出来高はCRB指数とは
何の関係もない。

8．ａ　この定義は75ページそのままである。ｂ、ｃ、ｄは問7ですでに説明されている。

9．ｃ　1は、75〜76ページで説明されているように正しい。2は必ずしも正しいとは言えない。なぜなら、未決済建玉の総数は売買が膨らまない場合であっても、高い水準で翌日へ持ち越されることがあるからである。3についても75〜76ページを見てほしい。

10．ｂ　点1は1日の高値を表す。よって、2月限の2列目の数字を選べばよい。

11．ａ　点2（バーの左に突き出た線）は1日の始値である。よって、1月限の1列目の数字を選べばよい。

12．ｃ　点3（バーの右に突き出た線）は1日の終値である。よって、1月限の4列目の数字を選べばよい。

13．ａ　点4は日中の安値である。よって、3月限の3列目の数字を選べばよい。

14．ａ　この数字は図表にはない。答えを導き出すには、当日の終値から前日比である＋0.04を差し引けばよい（26.80－0.04＝26.76）。ここで前日比を差し引いたのは、その変化が上昇だからである。もし数値がマイナス（たとえば－0.04）なら、前日からの変化は下落であるので、0.04を加えることになる。

15．ｂ　定義では「未決済建玉の総数」とは取組高のことである。各限月の取組高の数字（最後の列）を見ると、最も取組高数が多いのは2月限ということが分かる。

16．ｂ　70ページ参照。

17．ａ　70ページ参照。

18．ｃ　70ページ参照。

トレンドの基本概念

読書課題

『マーケットのテクニカル分析』第4章。

目標

レッスン3の終了後に習得されるであろう内容は以下のとおり。

- ●トレンドの方向と分類を知ること
- ●支持線と抵抗線および有意な突破とは何かを知ること
- ●トレンドラインとチャネルラインの意味を理解すること
- ●リトレースメントとスピードラインを把握し、正しく解釈すること
- ●リバーサルデイと値動きのなかに形成されるギャップを知ること

オリエンテーション

　本章の練習問題は、課題となる章で学ぶ概念の理解度だけではなく、その応用力もテストできるように作成されている。そこでは、チャー

トの作成を指示されたり、要求されたりすることはないが、いくつか
のチャートパターンを正しく解釈することが求められる。

重要な用語

チャレンジ問題

問題

　下のA～CCの用語に合う定義を1～27から選べ（定義は1回以上用いられるものや、まったく用いられないものもある）。

A. ___17___ ボトムリバーサルデイ

B. _____ ブレイクアウエーギャップ

C. _____ クライマックス

D. _____ チャネルライン

E. _____ 調整

F. _____ 下降トレンド

G. _____ インターメディエートトレンド

H. _____ 内部トレンドライン

I. _____ アイランドリバーサル

J. _____ メジャートレンド

K. _____ ランナウエーギャップ

L. _____ マイナートレンド

M. _____ アウトサイドデイ

N. _____ 価格フィルター

O. _____ 抵抗線

P. _____ リトレースメント

Q. _____ トレンド転換

R. _____ リバーサルデイ

S. _____ 横ばい

T. _____ スピードライン

U. _____ 支持線

V.　_____　暫定トレンドライン

W.　_____　時間フィルター

X.　_____　トップリバーサルデイ

Y.　_____　トレーディングレンジ

Z.　_____　トレンドのない状態

AA.　_____　トレンドライン

BB.　_____　2日間ルール

CC.　_____　上昇トレンド

1.　切り下がっていく高値と安値のパターン

2.　水平で横向きに動くパターン

3.　ボトムリバーサルデイ

4.　1年より長い

5.　終値がトレンドラインを超えた日が連続する

6.　トレンドの方向に動かないが、トレンド自体には影響を与えない値動き

7.　価格は通常この水準を下回らない

8.　切り上がっていく高値と安値のパターン

9.　トレンドの角度を測る

10.　投資家が市場から離れるべき期間

11.　前後にギャップを作ってできた反転パターン

12.　トレンドの距離を見積もるために用いられるギャップ

13.　3週間から数カ月

14.　リバーサルデイの高値が前日の高値を上回り、安値が前日の安値を下回る

15.　価格はこの水準を上回ることが難しい

16.　トレンドの方向の変更

17.　逆方向に有意な動きが見られたときにだけ識別できる

18. トレンドラインのブレイクアウトを有効なものとするために終値が２日間連続してトレンドラインを上回る（あるいは下回る）必要がある

19. ２〜３週間

20. 価格が日中取引の間に極端な値を付けるが、その逆方向に動いて引ける

21. 重要な市場の動きのシグナルとなるギャップ

22. 日中チャートの１つ

23. 上昇トレンドのなかに見られる弱気のギャップ

24. 有効なものとするには３つ目の点が必要

25. トレンドの値幅を含む２本の平行線

26. 価格が突破した度合いを測定することによって有効な突破だけを抽出する

27. 極端な高値や安値を無視して、値動きに対して横断的に引かれる

選択問題

下のチャートを参照して、問題1～7を答えよ。

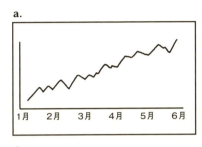

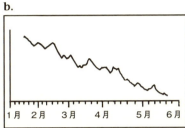

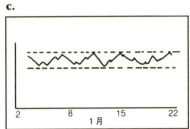

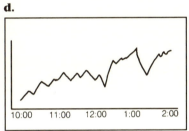

1．横ばいを表しているチャートはどれか。

2．上昇トレンドを表しているチャートはどれか。

3．トレンドのない状態を表しているチャートはどれか。

4．チャートCにおいて、破線の間にある領域を何と呼ぶか。
　a．支持ゾーン
　b．抵抗領域
　c．トレーディングレンジ
　d．リトレースメントレンジ

5．日中チャートを表しているのはどれか。

6．取引参加者が市場から距離を置くべき状態を最もよく表している
のはどれか。

7．支持線では、
  ａ．買い圧力が売り圧力を上回っている
  ｂ．売り圧力が買い圧力を上回っている
  ｃ．買い圧力と売り圧力は拮抗している
  ｄ．価格は下落に転じる

8．抵抗線に関して最も適切な説明を選べ。
  ａ．市場が上回ろうとする価格水準
  ｂ．買い圧力が売り圧力を上回っている
  ｃ．突破することができない水準
  ｄ．チャート分析者がこの水準を設定する

以下のチャートを参照して、問題9〜12に答えよ。

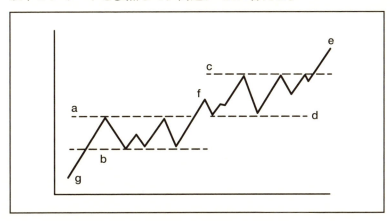

9．支持線を表している破線は次のうちどれか。

a．aとc

b．bとd

c．aとb

d．cとd

10．破線a〜dによって示される原理を最も適切に説明しているのは次のうちどれか。

a．継続的

b．調整

c．役割の転換

d．リトレースメント

11．このチャートが示していないのは次のうちどれか。

a．上昇トレンド内にある支持線と抵抗線

b．下降トレンド内にある支持線と抵抗線

c．上昇トレンド内にあるトレーディングレンジ

d．明確な上昇トレンド

12．抵線線を明白に突破している実線は次のうちどれか。

a．e

b．eとf

c．eとfとg

d．上記のどれでもない

13．支持線や抵抗線の重要性を測るための問いとして適切ではないものは次のうちどれか。

a．この領域での取引の時間的近接度はどうか

b．出来高は多いか

c．取組高は多いか

d．この領域で取引された期間は長いか

14．金が300ドルを下回るおそれがあるため、その損失を回避したいと考えている。しかし、300ドルを割り込む事態になったときだけ売りたい。このとき、売りのストップ注文（手仕舞いの逆指値注文）はどの水準に設定するのが適切か。

a．300ドルのやや上

b．300ドルちょうど

c．300ドルのやや下

d．この目的に売りのストップ注文は適切ではない

以下のチャートを参照して、問題15〜16に答えよ。

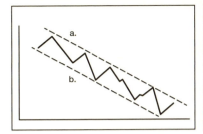
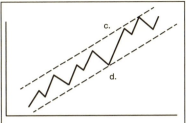

15.　上昇トレンドラインを表している破線はどれか。

16.　下降トレンドラインを表している破線はどれか。

以下のチャートを参照して、問題17～19に答えよ。

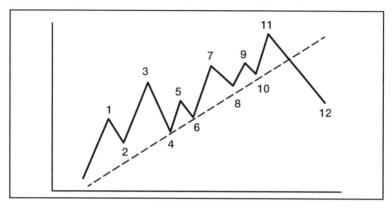

17. トレンド上で買い場として用いられるポイントは次のうちどれか。

a. 1、3、5、7、9、11

b. 6、8、10

c. 2、4、6、8、10、12

d. 5、6、7、8、9、10

18. 下降トレンドへの転換のシグナルとなるラインは次のうちどれか。

a. 4、6、10、12

b. 5、9

c. 12

d. ない

19. トレンド転換のシグナルのうち最も重要性が低いのは次のうちどれか。

a. トレンドラインを3％以上突破する

b. 連続して2日間突破している

c. 終値がトレンドラインを越える

d. 日中取引での突破

以下のチャートを参照して、問題20〜25に答えよ。

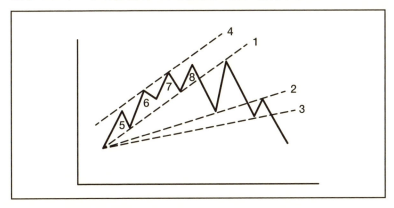

20. このトレンドは

a. 上昇が加速している

b. 下落が加速している

c. 下落が減速している

d. 上記のどれでもない

21. トレンド転換の可能性が高いと思われるのは次のどのラインを貫通したときか。

a. 1

b. 2

c. 3

d. 4

22. このチャートは、次のどの例を表しているか。

a. ヘッド・アンド・ショルダーズ

b. ファン理論

c. リトレースメント

d. 横ばい

23. 短期の利益確定に用いられるラインは次のうちどれか。

a. 1

b. 2

c. 3

d. 4

24. トレンドの弱まりを示唆している点は次のうちどれか。

a. 5

b. 6

c. 7

d. 8

25. チャネルラインとトレンドラインの差が５ドルの状態で上へのブ
レイクアウトが起こったとき、その後、価格はチャネルラインの
上方にどの程度上昇すると考えられるか。

a. 2.50ドル

b. 5.00ドル

c. 10.00ドル

d. 予測できない

以下のチャートを参照して、問題26〜29に答えよ。

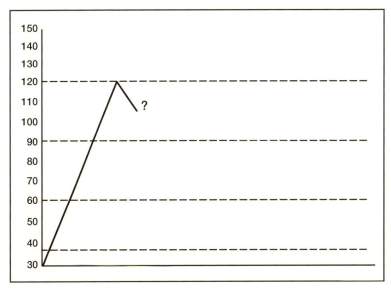

26.　クエスチョンマークの付いた下降線が表しているのは次のうちど
　　　れか。

　　a．下降トレンドライン

　　b．ダウンティック

　　c．リトレースメント

　　d．スピードライン

27.　下降線が60の水準まで来たとき、そのリトレースメントは次のう
　　　ちどれか。

　　a．33％

　　b．50％

　　c．66％

　　d．60％

28. 下降線が60の水準を下回ったとき、どのような場面だと考えるべきか。

   a．トレンド転換

   b．買い場

   c．横ばい

   d．上のどれでもない

29. 下降線が90の水準を下回らなかった場合、どのような場面だと考えるべきか。

   a．トレンド転換

   b．買い場

   c．横ばい

   d．空売り

以下のチャートを参照して、問題30〜31に答えよ。

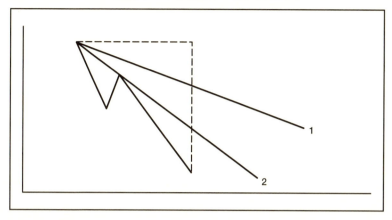

30.　線1と線2が表しているのは次のうちどれか。

 ａ．リトレースメントライン

 ｂ．トレンドライン

 ｃ．スピードライン

 ｄ．調整

31.　線1に当てはまらないのは次のうちどれか。

 ａ．66％のリトレースメントを表している

 ｂ．線2よりも遅い

 ｃ．価格が線2をブレイクしたなら、線1までの戻りがある見込み
  が大きい

 ｄ．この線を描画したとき、値動きと重なる可能性がある

以下のチャートを参照して、問題32〜34に答えよ。

a.

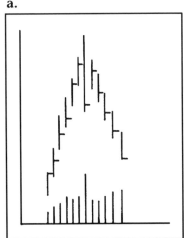

b.

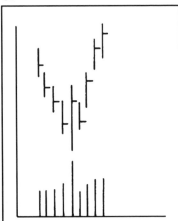

c.

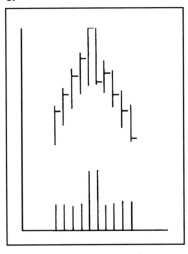

d.

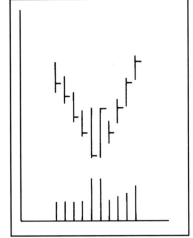

32.　トップリバーサルデイを表しているのはどれか。

33.　２日間のリバーサルボトムを表しているのはどれか。

34.　４つのチャートのうち、各反転ポイントの出来高は、

 a．少ない

 b．多い

 c．普通

 d．判定できない

以下のチャートを参照して、問題35〜38に答えよ。

35. 通常、大商いのもとで発生するギャップで、価格パターンの完成を意味するものはどれか。

36. 通常、そこそこの出来高のもとで発生するギャップで、トレンドの中間点で現れるものはどれか。

37. 埋められると弱気を示唆するギャップはどれか。

38. このパターンの天井は何と呼ばれるか。
   a. 調整

　ｂ．隠れたギャップ

　ｃ．アイランドリバーサル

　ｄ．下方へのブレイクアウエーギャップ

解答と解説

問題の解答

A. 17

B. 21

C. 3

D. 25

E. 6

F. 1

G. 13

H. 27

I. 11

J. 4

K. 12

L. 19

M. 14

N. 26

O. 15

P. 6

Q. 16

R. 20

S. 2

T. 9

U. 7

V. 17

W. 18

X. 14

Y. 2

Z. 2

AA. 9

BB. 18

CC. 8

選択問題の解答

1. c　このチャートを82ページの**図4.1c**と比較しよう。

2. a　このチャートを82ページの**図4.1a**と比較しよう。

3. c　市場は上昇も下降もしておらず、横向き（水平的）に動いている。このような状態をトレンドのない状態と呼ぶ（84ページ参照）。

4. c　支持線は下値圏にある領域であり、抵抗線は上値圏にある水準のことである（87〜89ページ参照）。リトレースメントはトレンドに逆行する動きのこと（124ページ参照）を言う。正答の説明は84ページを参照。

5. d　「日中（イントラデイ）」とは「1日のうち」を意味する。チャートdの時間目盛りは1時間刻みである。そのほかのチャートの目盛りは、日、週、月単位になっている。

6. c　このチャートはトレンドがないことを示している。この市場はトレーディングレンジを上方または下方にブレイクするだろうか。このチャートで、そう考えるのはほとんど不可能である。

7. a　bとdは間違いである。bは抵抗線の説明であり、抵抗線は価格が下落に転じる原因となるからである。支持線は買い圧力が上回っている状態を反映している。ここで価格は上昇に転じる（88ページ参照）。仮に買い圧力と売り圧力がcのよう

に拮抗しているのなら、相場は高値の抵抗線と安値の支持線によって示された狭いトレーディングレンジ内を上下するだろう（84ページ参照）。

8. a bについて、買い圧力が優勢なところに形成されるのは支持線であって抵抗線ではない（87～89ページ参照）。cは誤っており、支持線も抵抗線も突破される（95～97ページ参照）。テクニカル分析の基本的な原理では、市場が価格水準を決めると考えるため、最後のdは間違っている。チャート分析者は単にそれを記録し解釈するだけである。

9. b ここで描かれた破線を90～91ページの**図4.4a**や**図4.4b**と比較してみよう。

10. c いったん突破されると、支持線は抵抗線になり、抵抗線は支持線になる（95～97ページ参照）。「調整」と「リトレースメント」という用語は両方とも相場がトレンドに逆行することを指している。「継続」とは、現在、トレンドが進んでいる方向に値動きが継続するという言葉である。これら3つの用語は支持線や抵抗線とは何ら関係がない。

11. b 何よりもトレンドは上昇しており、下降していないことは明白である。よって、aとdは間違っている。さらに、トレーディングレンジは破線aとbの間で作られ、再び破線cとdによって作られている。よって、cも間違いである。

12. b eは抵抗線cを、fは抵抗線aを明確に突破している。ほかのラインは突破していない（95～97ページ参照）。

13. c 93～94ページ参照。取組高は流動性を示すものであって、買い圧力や売り圧力を示すものではない。

14. c この状況では売りのストップ注文を置くのが適切である。価格が300ドルの下で売りのストップ注文に引っかかれば、損失は限定される。仮にストップ注文を置く価格を300ドルや300

ドルよりも上に置くと、望んだよりも早く引っかかる可能性
がある。

15. d 右のチャートは上昇トレンドを示している。上昇トレンドで
はいつも値動きの下に上昇トレンドラインが引かれる。線c
はチャネルラインである。100ページの**図4.6a**と121ページの
図4.17参照。

16. a 左のチャートは下降トレンドを示している。下降トレンドラ
インはいつも値動きの上に引かれる。線bはチャネルライン
である。100ページの**図4.6b**と121ページの**図4.17**参照。

17. b いったん上昇トレンドラインが形成されれば（よって、点2
と点4は答えに含まれない）、買い場は価格が支持線（破線）
上にあるときか、支持線に接近したときである。103ページ、
特に**図4.7a**参照。

18. c 点12への価格の動きは上昇トレンドの有意なブレイクを表し
ている。そのほかの安値はそうとは言えない。

19. d 107ページ参照。日中取引中に起こった短期的な突破は反転と
は言えない。

20. b トレンドライン1、2、3の角度を見てみよう。線1は45度
線にかなり接近している。45度線は中程度の上昇率を表して
いる。線2と線3は次第に平坦になっており、上昇トレンド
が弱まりつつあることを示している（111〜113ページ参照）。

21. c 3本目のトレンドラインのブレイクは、価格が下方へ向かっ
ていることのかなり明確な表れである。111〜113ページ参照、
特に**図4.11a**参照。

22. b この図表を111ページの**図4.11a**と比較してみよう。

23. d 破線4は上昇トレンドライン1に平行なチャネルラインであ
る。点5、6、7は買いポジションの売り時や新規の売りポ
ジションの仕掛け時となる（119〜121ページ参照）。

24. d 点8の高値ではチャネルラインの試しに失敗している（121～122ページ参照）。

25. b 通常、ブレイクアウト後に価格がどの程度動くかは、ブレイクアウト前のトレーディングレンジの幅とおおよそ同じになる（124ページ参照）。

26. c 下降トレンドを開始するにはこの反転では不十分であるため、aは正しくない。「ダウンティック」とは、前回の約定よりも安い価格で約定した取引のことである。スピードラインとは、トレンドの一部ではなく、トレンドの速度を測定するラインである（127～129ページ参照）。むしろ、このラインは上昇トレンドでの一時的な逆行、つまりリトレースメント（押し）を表している（124～127ページ参照）。

27. c このラインはトレンドから66％後退している（125ページの**図4.20a**参照）。このトレンドは30から120まで、90ポイント上げた。もしそこから60まで下落したのなら、それは60ポイントの下落、すなわち66％（60÷90）の下落である。

28. a 66％を超えるリトレースメントは通常トレンドの転換を意味する。この場合、買い仕掛けは利益を生む戦術ではない。また、このトレンドは横ばいではない（125～127ページ参照）。

29. b もし価格が90で再び上昇に転じたら、このリトレースメント（押し）は33％（30÷90）である。90（33％）と75（50％）の間の領域は格好の買い場となる（124～127ページ参照）。

30. c このチャートを129ページの**図4.21b**と比較しよう。

31. a 線1は下降角度がより小さいために遅い線である。よって、bは正しい。cも同様に正しい。スピードラインはトレンドラインとは異なり、値動きと重なることがある（127～129ページ参照）。aは正しくない。というのも、スピードラインは価格のリトレースメント（押し・戻り）を測定するものではな

いからだ。

32. a 132ページの**図4.22a**参照。

33. d 132ページの**図4.22b**参照。

34. b リバーサルデイの出来高は、その日の前後の出来高よりも顕著に多いことが分かる。キーリバーサルデイには通常、出来高の急増が伴う（132～134ページ参照）。

35. c これはブレイクアウエーギャップである（134～136ページ参照）。

36. b これはランナウエーギャップ（メジャリングギャップ）である（134～138ページ参照）。

37. a これはエグゾースチョンギャップである（134～138ページ参照）。

38. c このチャートを136ページの**図4.23a**と比較しよう（138ページ参照）。

レッスン

主要な反転パターンと
継続パターン

読書課題

『マーケットのテクニカル分析』第5章および第6章。

目標

レッスン4の終了後に習得されるであろう内容は以下のとおり。

- ●最もよく用いられる5つの主要な反転パターンを知ること
- ●反転パターンと継続パターンを区別すること
- ●トライアングルパターンやフラッグ、ペナント、ウエッジなどの継続パターンを知ること
- ●出来高の重要性と目標値の算出法の意義を理解すること
- ●価格情報を用いてチャートを読むこと

オリエンテーション

　第5章と第6章ではチャートパターンを学習する。読めば分かるように、このようなパターンは前の各章で議論された概念に基づいて組み立てられている。レッスン4では、価格パターンが一定の期間の相

場予測に際してどのような意義を持っているかを中心に学ぶ。そうすることで、価格パターンがコモディティや株式の価格に現れたとき、それが予測上の価値を持つようになる。

重要な用語

チャレンジ問題

問題

下のA～Zの用語に合う定義を1～30から選べ（定義は1回以上用いられるものや、まったく用いられないものもある）。

A. __10__　頂点

B. _____　ベース

C. _____　拡大型パターン

D. _____　ブルトラップ

E. _____　複合型ヘッド・アンド・ショルダーズ

F. _____　確認

G. _____　継続型ヘッド・アンド・ショルダーズ

H. _____　継続パターン

I. _____　ダイバージェンス

J. _____　ダブルボトム

K. _____　フラッグ

L. _____　旗竿

M. _____　ヘッド・アンド・ショルダーズ・トップ

N. _____　逆ヘッド・アンド・ショルダーズ

O. _____　ネックライン

P. _____　ペナント

Q. _____　価格パターン

R. _____　レクタングルパターン

S. _____　反発の動き

T. _____　ソーサーボトム

U. _____　スパイクトップ

Ⅴ. _____　　対称トライアングル

Ⅷ. _____　　トライアングルパターン

Ⅹ. _____　　トリプルトップ

Ｙ. _____　　出来高パターン

Ｚ. _____　　ウエッジ

1．しばしば「W」と呼ばれる

2．ヘッドが肩よりも高い

3．ダマシ

4．市場の上昇または下落が2つの等しく並行な動きに分割される

5．2本の平行線の間の横向きの値動き

6．2つのヘッドや2つの左肩や右肩が出現するパターン

7．急激な値動きのため対処が難しい

8．コイル

9．鋭くほとんど直線のような上昇トレンドに続いて起こる

10．2本のトレンドラインが右側で交差するポイント

11．価格上に現れる形状またはある種の画像

12．トレンドラインがそれぞれ離れていくパターン

13．真ん中に谷があること以外はレクタングルパターンに似ている

14．直前の動きとは反する動き

15．トライアングルパターンで、トライアングルの高さを測る左の垂直線

16．継続パターンか反転パターンかを区別するデータ

17．最短の目標値の決定に用いる

18．ここでペナントとフラッグが半旗の位置ではばたく

19．目立った傾斜を持つパターン

20．天井パターンで通常やや上向きに傾斜したライン

21．3つの種類がある継続パターン

22. 現行トレンドの一時休止を表す横向きの値動き

23. 非常に緩慢で漸次的なトレンドの変化

24. 複数のテクニカル指標がお互いに一致を確認できない状態

25. 目標値に到達するための手法

26. ヘッド・アンド・ショルダーズ・パターンに似ているが、それぞれの高値や安値が同水準で並んでいる

27. ほとんどの指標が同じ方向を示している

28. トップのパターンを逆向きにしたものであるが、通常、出来高はより多くなる

29. 2本の平行なトレンドラインの間を価格が横向きに動く

30. 山と谷がほぼ水平に並ぶ珍しいパターン

穴埋め問題

1. 目標値の算出法は、＿＿＿＿＿＿の決定に役立つ。

2. ヘッド・アンド・ショルダーズ・トップのパターンには＿＿＿＿＿＿の高値がある。

3. 有効なヘッド・アンド・ショルダーズ・トップで、いったんネックラインがブレイクされたあとに終値がネックラインを上回った場合、＿＿＿＿＿＿と呼ばれる。

4. 対称トライアングルは現在進行中のトレンドの＿＿＿＿＿＿を表している。

5. すべての保ち合いパターンから上昇トレンドに復帰するときは、出来高の＿＿＿＿＿＿が必須である。

6. ＿＿＿＿＿＿では、2本のトレンドラインが広がっていく。

7. ＿＿＿＿＿＿の原則とは、テクニカルシグナルと指標が同じ方向を向いているかを確かめるために用いられる。

8. 反転パターンでは、上へのブレイクアウト時に＿＿＿＿＿＿がより

重要になる。

9．最も信頼性が高く、最もよく知られた反転パターンの1つが、_____である。

10．テクニカル指標間の確認ができない状態を_____と呼ぶ。

選択問題

1．反転パターンに当てはまらないのは次のうちどれか。

　a．現在進行中のトレンドの存在

　b．パターンが小さいほど、のちの値動きは大きくなる

　c．底は天井よりも通常、形成に要する時間が長い

　d．上記のすべて

2．最大の目標値は次のうちどれか。

　a．100％リトレースメント

　b．76％リトレースメント

　c．0％リトレースメント

　d．66％リトレースメント

3．V字型反転やスパイクの説明として正しいのは次のうちどれか。

　1．よく現れるパターン　　　　　　　a．1

　2．このパターンは認識しやすい　　　b．2と3

　3．市場が急旋回する　　　　　　　　c．1と4

　4．漸次的な変化を表している　　　　d．1と3

以下の図を参照して、問題4〜5に答えよ。

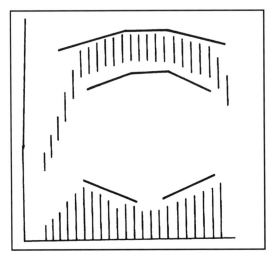

4．これは何の例か。

　a．V字反転

　b．ソーサートップ

　c．パターンではない

　d．プラッター（大皿）

5．説明として正しくないのは次のうちどれか。

　a．よく現れるパターン

　b．通常、相場の天井で出現する

　c．トレンドの変化が緩慢で漸次的である

　d．出来高は天井と底で減少する

6．主要な反転パターンのなかで最もよく見られるのは次のうちどれ
　　か。

　a．ヘッド・アンド・ショルダーズ、V字、ソーサー

b．ヘッド・アンド・ショルダーズ、ダブルトップ（ダブルボトム）、V字

c．V字、トリプルトップ（トリプルボトム）、ファン

d．ソーサー、拡張V字、レクタングルパターン

7．継続パターンの例ではないのは次のうちどれか。

a．トライアングルパターン

b．レクタングルパターン

c．ペナント

d．ソーサー（またはボウル）

8．ヘッド・アンド・ショルダーズ・トップの特性は次のうちどれか。

a．あらゆる価格パターンと同様に出来高が重要である

b．出来高は相場の天井よりも底のほうがより重要性を増す

c．新しい下降トレンドが継続するためには出来高の増加が必要となることが多い

d．上記のすべて

9．継続パターンの説明として最も適切なのは次のうちどれか。

a．横向きの値動き

b．形成には長い時間を要する

c．代表的な長期パターンである

d．このパターンはいつも新しいトレンドの開始シグナルとなる

以下の図を参照して、問題10〜13に答えよ。

図1

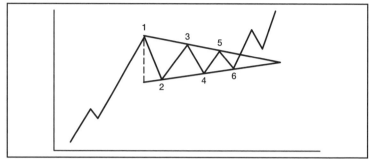

図2

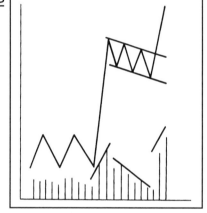

図3

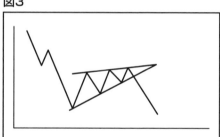

図4

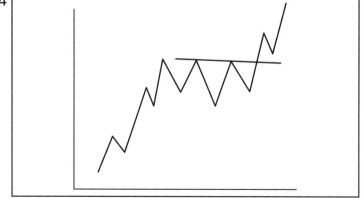

10. これらのパターンのうち、出現に少なくとも４つの反転ポイントが必要なのはどれか。

　a．図1

　b．図2

　c．図3

　d．図4

11. 弱気の上昇ウエッジを表しているパターンはどれか。

　a．図1

　b．図2

　c．図3

　d．図4

12. 強気の継続型ヘッド・アンド・ショルダーズ・パターンの例はどれか。

　a．図1と図4

　b．図2

　c．図4

　d．図2と図3

13. 鋭い直線的な値動きのあとに続くパターンはどれか。

　a．図1

　b．図2

　c．図3

　d．図4

14. 有効なダブルトップについて正しい説明は次のうちどれか。

　a．価格水準が大きく異なる明確な２つの高値が存在する

b．最初の高値の形成時の出来高は少ない

c．4回程度の反発の動きが起こることがある

d．高さが目標値の算出法に用いられることが多い

以下の図を参照して、問題15〜16に答えよ。

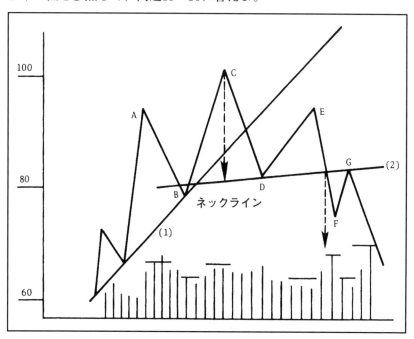

**15.　この非常によく現れる反転パターンにおいて、FからGへの戻り
の動きは**

a．非常に多い出来高のもとで起こる

b．いつも点Eを上回る

c．いったんネックラインが下にブレイクされれば、通常、再びネ
ックラインを上に交差することはない

d．いつも新しいトレンドによってもたらされる

16. この図は次のどのパターンの例か。

    a．ヘッド・アンド・ショルダーズ・ボトム

    b．トリプルトップ

    c．ダブルトップ

    d．ヘッド・アンド・ショルダーズ・トップ

解答と解説

問題の解答

A. 10

B. 15

C. 12

D. 3

E. 6

F. 27

G. 13

H. 22

I . 24

J . 1

K. 9

L. 18

M. 2

N. 28

O. 20

P. 9

Q. 11

R. 29

S. 14

T. 23

U. 7

V. 8

W. 21

X. 26

Y．16

Z．19

穴埋め問題の解答

1．最小の目標値

2．3

3．失敗したヘッド・アンド・ショルダーズ

4．一時休止

5．増加

6．拡大型パターン

7．確認

8．出来高

9．ヘッド・アンド・ショルダーズ

10．ダイバージェンス

選択問題の解答

1．b　あらゆるトレンド転換に共通するのは、①現在進行中のトレンドの存在、②重要なトレンドラインのブレイク、③天底パターン（底のほうがより形成に時間を要する）、④価格パターンが大きければ大きいほど、その後の値動きは大きくなる——などである。

2．a　最大の目標値は前の上昇相場の100％リトレースメント（押し）である。66％リトレースメントは下値圏で重要な支持線を形成することがある（154ページ参照）。

3．d　このパターンは珍しいものではない。ほとんど何の兆候もなく急激なトレンド転換が起こることがよくある。また、この

パターンは認識するのが非常に困難である（172〜173ページ参照）。

4．b　この図はソーサートップの例である。緩慢で漸次的なトレンド転換を表している（172〜173ページ参照）。

5．a　このパターンはあまり現れない。b、c、dはソーサートップの一般的な特徴である（172〜173ページ参照）。

6．b　aとdに出てくるソーサーは珍しいパターンであり、dのレクタングルパターンは継続パターンである。反転パターンにも継続パターンにも、cのファンと呼ばれるようなものはない。

7．d　「ボウル」とはソーサー型反転パターンの別の呼び名である（172〜173ページ参照）。

8．d　ここの説明はすべてヘッド・アンド・ショルダーズ・トップに当てはまる（146〜149ページ）。

9．a　継続パターンは一般的に現在進行中のトレンドの一時休止にすぎず、通常、その期間は短く、形成には比較的時間を要しない（175ページ参照）。

10．a　これは強気の対称トライアングルの例である（176〜179ページ参照）。このような形状を作るには少なくとも4つの反転ポイントが必要である。しかし、この図で示されるようにほとんどが6つの反転ポイントを持っている。

11．c　強気のフラッグは下降ウエッジになる。このウエッジは、現在進行中のトレンドとは逆向きの傾きを持ち、かつ収束する2本のトレンドラインによって特徴付けられる（197ページの**図6.8a**参照）。

12．c　このパターンは、横向きに動くレクタングルパターンに少し似ているが、異なるのは、上昇トレンドでは真ん中の安値が通常はその両肩よりも安くなることである（205〜206ページ

参照）。

13.　b　これは強気のフラッグの例である。このパターンは通常、鋭
　　　　い動きのあとに現れ、継続パターンが続く間、トレンドの一
　　　　時休止を表す（190～191ページ参照）。

14.　d　このパターンには2つの明確な高値があるが、その高さは通
　　　　常、同水準である。出来高は最初の高値で多くなり、2つ目
　　　　の高値で少なくなる傾向がある。数回の反発の動きの存在が
　　　　有効な天井パターンを示しているわけではない（163～166ペ
　　　　ージ参照）。

15.　c　価格が再びネックラインを上に交差した場合、失敗したヘッ
　　　　ド・アンド・ショルダーズ・パターンであるかもしれないの
　　　　で、警戒しなければならない（148、159、205ページ参照）。

16.　d　これは典型的なヘッド・アンド・ショルダーズ・トップの例
　　　　である。これは最もよく知られた主要な反転パターンである。
　　　　このほかの反転パターンの大半はこのパターンの変形版であ
　　　　る。逆ヘッド・アンド・ショルダーズ・パターンも同様であ
　　　　るが、上下反対になっている（155～157ページ参照）。

5

出来高と取組高

読書課題

『マーケットのテクニカル分析』第7章。

目標

レッスン5の終了後に習得されるであろう内容は以下のとおり。

● 二次的指標としての出来高と取組高の重要性を説明すること
● オンバランスボリューム（OBV）の使い方を説明すること
● COT（コミットメンツ・オブ・トレーダーズ）リポートの取組高数の読み方を知り、その有用性を理解すること
● 出来高と取組高がトレンドの転換を発見するためにどのように用いられるかを理解すること

オリエンテーション

本章は、読者がトレンド指標として出来高と取組高がいかに重要かを理解し、その価値を認識することに主眼を置いている。第7章の結

論を踏まえれば、読者はテクニカル分析全体の本質的な部分を知ることになる。

重要な用語

チャレンジ問題

問題

　下のA～Mの用語に合う定義を1～15から選べ（定義は1回以上用いられるものや、まったく用いられないものもある）。

A. ＿＿8＿＿　ブローオフ

B. ＿＿＿＿　買い手と売り手

C. ＿＿＿＿　CFTC

D. ＿＿＿＿　COTリポート

E. ＿＿＿＿　コマーシャルズ

F. ＿＿＿＿　大口トレーダー

G. ＿＿＿＿　決済

H. ＿＿＿＿　オンバランスボリューム

I. ＿＿＿＿　取組高

J. ＿＿＿＿　プット・コール・レシオ

K. ＿＿＿＿　セリングクライマックス

L. ＿＿＿＿　小口トレーダー

M. ＿＿＿＿　出来高

1. 3カ月パーペチュアルコントラクト

2. 端株取引者

3. 自発的または強制的にポジションを手仕舞うこと

4. コマーシャルズ、大口トレーダー、小口トレーダーごとに取組高を分類する

5. 長期にわたる下落相場のあとに起こる突然の急落と取組高の大幅な減少

6．買いと売りの未決済建玉の総数

7．実際に取引された取引量

8．突然の急騰と取組高の顕著な減少

9．グランビルの出来高指標

10．アメリカの商品先物取引委員会

11．取引の成立にはこの両方が必要

12．市場の反転を呼び込む最も有力なグループ

13．ネックラインの傾斜

14．主として自動化されたトレンドフォロー型システムに頼る

15．オプション市場の強気と弱気を判断する

穴埋め問題

1．＿＿＿＿＿＿＿＿は３つの指標のうち最も重要なものである。

2．下降トレンドでの取組高の減少は、＿＿＿＿＿＿＿＿を示している。

3．特定期間内に取引された取引数は、＿＿＿＿＿＿＿＿と呼ばれる。

4．＿＿＿＿＿＿＿＿は、出来高の圧力の方向を測定するために用いられる
単純なライン指標である。

5．取組高は＿＿＿＿＿＿＿＿と＿＿＿＿＿＿＿＿で成立している。

6．未決済建玉の総数は、＿＿＿＿＿＿＿＿と呼ばれる。

7．相場予測の目的では、出来高と取組高の＿＿＿＿＿＿＿＿だけが用いら
れる。

8．取組高の影響の受け方（変化の仕方）には３つある。それは、
＿＿＿＿＿＿＿＿と＿＿＿＿＿＿＿＿と＿＿＿＿＿＿＿＿である。

9．両者が保有ポジションを決済したとき、取組高は＿＿＿＿＿＿＿＿する。

10．取組高には、＿＿＿＿＿＿＿＿か＿＿＿＿＿＿＿＿の数字が併記されている

11．上昇トレンド中での取組高の増加は＿＿＿＿＿＿＿＿のサインである。

選択問題

・・

1．一般に出来高と取組高が増加すれば、現在進行中のトレンドは、

a．通常、今までと同じ方向が継続する

b．転換する

c．現在進行中のトレンドの終了のサインである

d．上記のどれでもない

以下の図を参照して、問題2に答えよ。

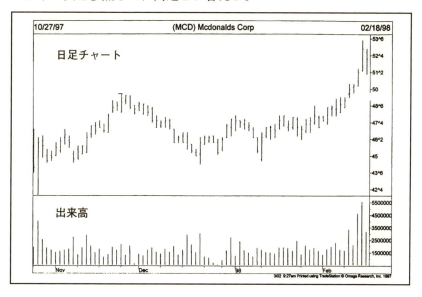

2．次の説明のうち正しいものはどれか。

1．1997年11月、価格に上方へのブレイクアウトが起こった

2．ブレイクアウトには出来高の増加が伴う

3．12月は出来高が多い

4．1988年2月に出来高が増加している

    a．1と3

    b．1と3と4

    c．1と2と4

    d．1と2と3

3．出来高はどのようなものと考えるのが最も適切か。

    a．一次指標

    b．確認指標

    c．非本質的指標

    d．取組高を比較しなければ役に立たない

4．下降トレンドでの取組高の減少は

    a．弱気を示す

    b．強気を示す

    c．トレンドの一時休止を反映している

    d．非常にまれである

5．強気相場における危険なシグナルの説明として最も正しいものは
　　次のうちどれか。

    a．取組高が異常に多い

    b．価格が上昇トレンドを維持している

    c．すべての買いポジションに利益が出ている

    d．上記のどれでもない

6．取組高が増加するのは次のうちどれか。

    a．買い手は新規買い、売り手は決済売り

    b．買い手は決済買い、売り手は新規売り

    c．買い手は新規買い、売り手は新規売り

d．買い手は決済買い、売り手は決済売り

7．「出来高は価格に先行する」の意味は。

a．買い圧力・売り圧力に変化がない

b．売り圧力が買い圧力よりも大きい

c．価格は出来高よりも重要度が低い

d．買いと売りの圧力の変化は、しばしば価格よりも先に出来高に
　　表れる

8．OBVとは何か。

a．オッドバランスボリューム（Odd Balance Volume）

b．オンバランスボリューム（On Balance Volume）

c．オフバランスボリューム（Off Balance Volume）

d．オンバランスバリエーション（On Balance Variation）

**9．オンバランスボリュームを指標として用いるとき、どのようなこ
　　とを意味するか。**

a．価格の動きの先行指標ではない

b．ダイバージェンスが現れることはけっしてない

c．確認指標として使うことができる

d．上記のどれでもない

以下の図を参照して、問題10に答えよ。

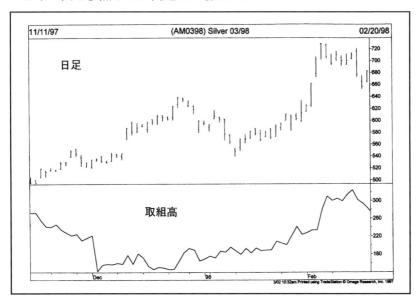

10. この図が示しているのは何か。

   a．銀相場の下降トレンドの全体図

   b．日足チャートに表れた上昇トレンドの全体図

   c．2月の調整時に手仕舞い

   d．取組高の減少の全体図

11. COTリポートは

   a．前月の取組高統計を示している

   b．商品先物取引者連合会によって公表されている

   c．新しい予測ツールである

   d．前日の統計である

12. ブローオフが最もよく現れるのは、

a．主要な相場の天井（大天井）

b．横向きの保ち合いパターン

c．主要な相場の底（大底）

d．緩慢な取引の間

13. セリングクライマックスに当てはまらないのは次のうちどれか。

a．まず価格が急騰する

b．大商い

c．取組高の大幅な減少が見られる

d．価格が急落する

14. 自動化されたトレンドフォロー型システムを用いるのはどのようなグループか。

a．小口トレーダー

b．大口トレーダー

c．コマーシャルズ

d．端株取引者

15. オンバランスボリューム線は

a．プラスとマイナスの値を用いる

b．出来高指標である

c．通常、価格トレンドの方向を追いかける

d．上記のすべて

16. オンバランスボリュームを考案したのはだれか。

a．マール・チャイキン

b．ジェームズ・シベット

c．ジョセフ・グランビル

d．チャールズ・H・ダウ

以下の図を参照して、問題17に答えよ。

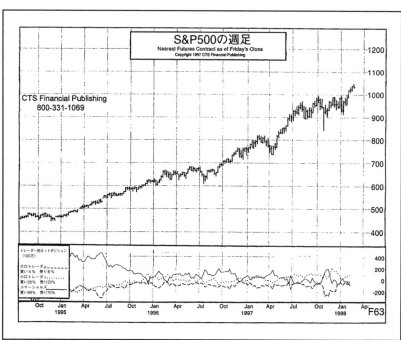

17. 図に示されている価格の動きとトレーダーのネットポジションを
　　もとにしたとき、買いシグナルはいくつ与えられるか。

　a．1つ

　b．2つ

　c．3つ

　d．4つ

18. 取組高を最も正確に表現したのは次のうちどれか。

　a．売り玉と買い玉の割合を2で割る

　b．未決済の買い建て玉または売り建て玉の総数

　c．出来高と季節性の相違

　d．先行する値動きの3分の1

19. オンバランスボリューム線は、どの時点の出来高の増加を判別しようとするものか。

　a．上昇トレンド

　b．下降トレンド

　c．横ばい

　d．aとbのみ

20. 下降トレンド中での取組高の増加は、

　a．弱気を示す

　b．市場のトレンド指標として役立たない

　c．強気を示す

　d．新規の売り建てが停滞していることを反映している

解答と解説

問題の解答

A. 8

B. 11

C. 10

D. 4

E. 12

F. 14

G. 3

H. 9

I. 6

J. 15

K. 5

L. 2

M. 7

穴埋め問題の解答

1. 価格

2. 強気

3. 出来高

4. オンバランスボリューム

5. 買い手、売り手

6. 取組高

7. 合計

8. 増加、減少、変わらず

9.　減少

10.　プラス、マイナス

11.　強気

選択問題の解答

1 . a　出来高と取組高の減少は、現在進行中のトレンドの終了を示唆している（213～214ページ参照）。

2 . c　この図を詳しく見てみると、明らかに12月の出来高は少ない（215ページの**図7.3**参照）。

3 . b　216～217ページ参照。

4 . b　上昇トレンド中に取組高が減少した場合や下降トレンド中に取組高が増加した場合は、弱気を示している。それはトレンドの一時休止を反映しているのではなく、非常にまれにしか起こらないというものでもない。

5 . a　相場の天井で取組高が多い場合 ―― 特に価格が急落したとき ―― は、弱気のシグナルであると考えることができる（224～226ページ参照）。

6 . c　212～213ページの表7.1を参照。

7 . d　価格は出来高よりもずっと重要である。現在進行中のトレンドの方向に依存して、明確な買い圧力や売り圧力が存在している（216～218ページ参照）。

8 . b　正しいのは、オンバランスボリューム（OBV）だけである（218ページ参照）。

9 . c　オンバランスボリュームを補助指標として用いた場合、価格の動きの確認や先行指標として用いることができる（216～220ページ参照）。

10 . c　224ページの**図7.9**参照。

11. a これは新しい予測ツールではない。これは月次リポートであり、日次リポートではない。CFTCは米商品先物取引委員会で、米商品先物取引者連合会ではない（232ページ参照）。

12. a ブローオフは主要な相場の天井（大天井）で出現する。価格は通常、長期にわたる上昇のあと急騰する。それと同時に出来高の急増を引き起こし、取組高の顕著な減少が見られる（230ページ参照）。

13. a まず価格が急落し、その後、上昇する動きをいう。セリングクライマックスは相場の底で出現する。b、c、dは正しい説明である（230ページ参照）。

14. b 232ページ参照。

15. d これらの説明はすべてオンバランスボリュームに当てはまる。

16. c マール・チャイキンはボリュームアキュミュレーションラインの考案者である。これは価格感応度の高い日中取引用指標の1つである。シベットは需要指数を考案した。これは複雑な計算を行い値動きに出来高を組み込んだものである。ダウは初めて株式市場平均を発表し、ダウ理論として知られる有名な原理によって、その功績を認められている。彼の理論はテクニカル分析の基礎である（218ページ参照）。

17. c 233ページの**図7.13**参照。

18. b 選択肢のなかで最も正確な説明は「取組高は未決済の買い建て玉または売り建て玉の総数」である（210～213ページ参照）。

19. d オンバランスボリューム線の主要な機能は上昇時または下落時に出来高が増加しているかどうか判別することにある（218～220ページ参照）。

20. a 上昇トレンド中に取組高が増加したときは強気のサインである。また、下降トレンド中に取組高が増加したときは積極的に新規の売り建てが入っていることを示している（224～229

ページ参照)。

長期チャート

読書課題

『マーケットのテクニカル分析』第8章。

目標

レッスン6の終了後に習得されるであろう内容は以下のとおり。

● 長期チャートの有用性を説明すること
● 長期チャートをじっくりと考察し、ヒストリカルデータの重要性を把握すること

オリエンテーション

　『マーケットのテクニカル分析』の第8章では、予測・分析目的のために長期チャートがいかに重要であるかが論じられている。週足・月足チャートの例が豊富に付いている。また、これらのチャートを学ぶことによって、前章で扱われた概念と価格パターンの復習にもなるだろう。

中間評価

　レッスン6の終了時点で、今までに紹介されたさまざまなトピックと概念の知識がどれだけ身についているかを評価してみることにする。レッスン1～6の重要な用語をざっと復習してみることが「中間テスト」の問題を解くために役立つだろう。

重要な用語

　　長期チャート　　　　　　　　　　　　237～238ページ
　　パーペチュアルコントラクト　　　　　　240ページ

　レッスン6の読書課題を終了したら、中間テストへ進もう。これにはレッスン6の範囲も含まれている。

中間テスト

問題

　下のA〜LLの用語に合う定義を1〜43から選べ（定義は1回以上用いられるものや、まったく用いられないものもある）。

A. _____　　頂点

B. _____　　バーチャート

C. _____　　拡大型パターン

D. _____　　商品先物

E. _____　　確認

F. _____　　継続パターン

G. _____　　最初のダウ平均の誕生

H. _____　　記述統計学

I. _____　　ダイバージェンス

J. _____　　フラッグとペナント

K. _____　　ファンダメンタルズ分析者

L. _____　　ヘッド・アンド・ショルダーズ

M. _____　　キーリバーサルデイ

N. _____　　コマーシャルズ

O. _____　　ライン

P. _____　　長期チャート

Q. _____　　メジャードムーブ

R. _____　　目標値の算出法

S. _____　　MTA

T. _____　　ネックライン

U. _____　　オンバランスボリューム

V. _____ 取組高

W. _____ パーペチュアルコントラクト

X. _____ 価格フィルター

Y. _____ ギャップ

Z. _____ 価格パターン

AA. _____ ランダムウォーク理論

BB. _____ 抵抗線

CC. _____ ソーサー

DD. _____ 季節性

EE. _____ セリングクライマックス

FF. _____ スピードライン

GG. _____ スパイク

HH. _____ 支持線

II. _____ テクニカルアナリスト

JJ. _____ トレンド

KK. _____ トライアングルパターン

LL. _____ 出来高

1. 異なるグループの現金ポジション

2. 重要な転換点がこれが起こったあとに確認される

3. 市場の動きの原因の研究を行う人たち

4. 市場の動きの方向

5. 切り上がった安値

6. 水平的なトレーディングバンド

7. ヘッド・アンド・ショルダーズ・パターンの一部

8. 1884年7月3日

9. マーケット・テクニシャン・アソシエーション

10. 上昇率・下落率を見てトレンドを測定する

11. あらかじめ定められた値幅分トレンドラインをブレイクすること を要求する

12. 価格チャートと時間チャートの両方を含む

13. 事前の警告がほとんどない突然のトレンド転換

14. 弱気相場の底で大商いを伴って起こる突然の反転

15. 未決済建玉の総数

16. 取組高の5年平均のなかに発見できる

17. 取組高の顕著な減少を伴いながら起こる突然の反落

18. トライアングルが拡大していくように見えるトレンドラインの乖 離

19. チャート上で取引がまったくなかった空白の領域

20. 広がりすぎたラバーバンド効果

21. することが何もない

22. 特定の日の取引された総取引量

23. 各指標が総じて一致すること

24. グラフで表現されたデータ

25. 2本のトレンドラインが右側で交差する点

26. 売り圧力が買い圧力より強い

27. 長期のメジャートレンドと目標値の決定に役立つ

28. 価格の動きはランダムで予測できない

29. 2つの均等で並行な動きに分割された相場の上昇または下落

30. 通常、横向きの値動きのこと

31. 直線または曲線で表現された出来高指標

32. 鋭くほぼ直線的な動きのあとに続く

33. 緩慢で漸次的なトレンドの変化

34. よく知られた一般的な反転パターン

35. すべて証拠金で取引される

36. 各指標が互いの確認に失敗する

37. 市場の動きの結果の研究を行う人たち

38. ダマシ（誤ったシグナル）

39. 最短の目標値の決定に役立つ

40. 連続した過去の先物価格

41. 相場を反転させる最も有力なグループ

42. 価格チャートの形状のこと

43. 少なくとも4つの反転ポイントが必要

穴埋め問題

1. 緩慢で漸次的にトレンドが変化するという特徴をもった反転パターンは_____と呼ばれる。

2. 先物取引はすべて_____で行われる。通常それは丸代金の10％未満である。

3. テクニカル分析では、市場の動きはすべてを_____と信じられている。

4. 最も単純で最もよく知られた出来高指標は_____である。

5. _____と_____はほぼ直線的な動きのあとに形成される。

6. ほとんどあるいはまったく何の警告もなしに急激なトレンド転換が起こり、これまでとは逆方向に素早く価格が動くパターンは_____と呼ばれる。

7. _____チャートはトレード目的に使用することを意図していない。

8. 市場の動きには、_____、_____、_____という主要なデータソースが含まれている。

9. チャートの縦軸は、取引の_____を表している。

10. 取組高を解釈するとき、上昇トレンドでの取組高の増加は_____とされる。

11. ＿＿＿＿＿＿は値動きの上または下に、トレンドラインと並行に引かれるラインである。

12. ＿＿＿＿＿＿と＿＿＿＿＿＿は１日遅れで公表される。

13. 高値と安値の方向が相場の＿＿＿＿＿＿を構成する。

14. ＿＿＿＿＿＿パターンでは、トレンドラインは分岐していく。

15. 切り上がった安値は＿＿＿＿＿＿と呼ばれる。

16. ＿＿＿＿＿＿（コイル）は通常、＿＿＿＿＿＿パターン。

17. 予測目的では、＿＿＿＿＿＿と＿＿＿＿＿＿の総数だけが使用される。

18. ＿＿＿＿＿＿トライアングルは強気であり、＿＿＿＿＿＿トライアングルは弱気である。

19. 長期の＿＿＿＿＿＿チャートはいくつかの限月をつなぎ合わせたものである。

20. ＿＿＿＿＿＿は、期近の限月を用いる代わりに、数年にわたる連続した価格の履歴を提供するものである。

21. 長期チャート分析を行う順序としては、まず＿＿＿＿＿＿から初め、＿＿＿＿＿＿へと進めていくのが適切である。

選択問題

以下の図を参照して、問題1に答えよ。

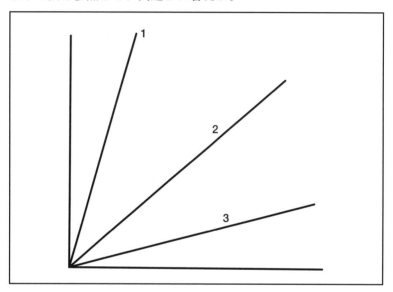

1．最も有効なトレンドラインは次のうちどれか。

a．線1

b．線2

c．線1と線3

d．上記のどれでもない

以下の図を参照して、問題2に答えよ。

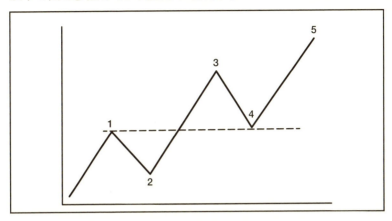

2．点1と点4は、

　　a．上昇トレンドを表している

　　b．抵抗線であり、支持線である

　　c．抵抗線のみである

　　d．横ばいパターンである

3．テクニカル分析アプローチが依拠しているのは次のうちどれか。

　　a．市場の動きはすべてを織り込んでいる

　　b．価格はトレンドを形成する

　　c．歴史は繰り返す

　　d．上記のすべて

4．有効なダブルトップは、

　　a．価格水準が大きく異なる2つの際立った高値がある

　　b．最初の高値では出来高が比較的少ない

　　c．数回の反発が起こることがままある

　　d．しばしば高さが目標値の算出法として用いられる

以下の図を参照して、問題５に答えよ。

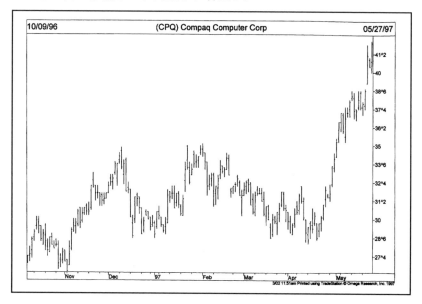

5．これは何の例か。

   a．月足のつなぎ足チャート

   b．週足のつなぎ足チャート

   c．ポイント・アンド・フィギュア・チャート

   d．日足チャート

以下の図を参照して、問題6に答えよ。

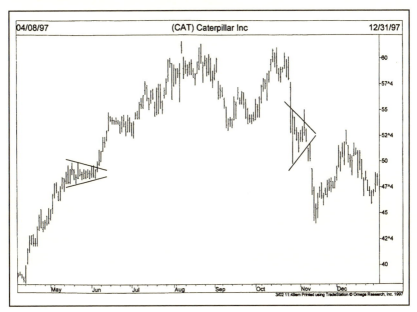

6．2組の収束するトレンドラインが示しているのは次のうちどれか。

  a．トレンドの継続を示すペナント

  b．トレンドに逆行するペナント

  c．トレンドの継続を示すフラッグ

  d．トレンドに逆行するフラッグ

以下の図を参照して、問題7に答えよ。

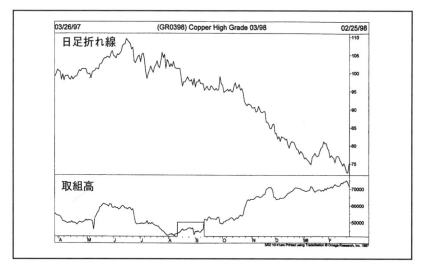

7．この図が表しているのは次のうちどれか。

a．取組高がダマシを発信している

b．1997年の相場下落時に見られる取組高減少は強気を表している

c．1997年の相場下落中の取組高増加は価格の下落を確認している

d．出来高は少ない

以下の図を参照して、問題8に答えよ。

8. これは何の例か。

   a. トリプルトップ

   b. ダブルヘッド・アンド・ショルダーズ・ボトム

   c. ダイヤモンド

   d. 上記のどれでもない

9. ランダムウォーク理論の支持者が主張するのは次のうちどれか。

   a. 価格の変化は"時系列に独立"したものである

   b. 価格の変化は予測可能である

   c. バイ・アンド・ホールド戦略は無駄である

   d. 上記のどれでもない

10. ダウによれば、市場トレンドは、

   a. 6つに分類される

   b. 5つに分類される

c．2つに分類される

d．3つに分類される

11．天井圏において、強気相場に対する危険シグナルを最も正確に記述しているのは次のうちどれか。

a．取組高が異常に多い

b．上昇トレンド期に取組高が増加している

c．価格が上昇トレンドを維持している

d．すべての買いポジションに利益が出ている

以下の図を参照して、問題12に答えよ。

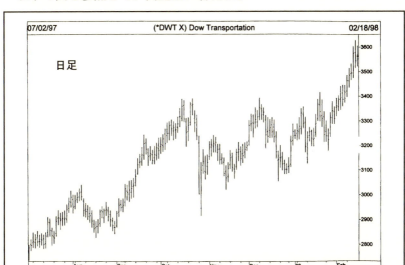

12. この図が示しているのは次のうちどれか。

　　a. 取組高の増加

　　b. ソーサー

　　c. 上昇トライアングル

　　d. パターンがない

13. トレンドを確認するために出来高は、

　　a. アイランドリバーサルパターンを示さなくてはならない

　　b. メジャートレンドの方向へ動くときに増加しなくてはならない

　　c. メジャートレンドの方向へ動くときに減少しなくてはならない

　　d. メジャートレンドの方向へ動くときに水平的に推移しなくては
　　　ならない

以下の図を参照して、問題14に答えよ。

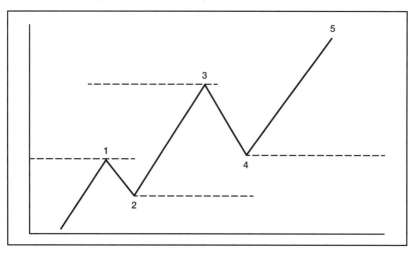

14. 点１と点３は何か。

a．安値

b．支持線

c．切り上がった安値

d．抵抗線

以下の図を参照して、問題15に答えよ。

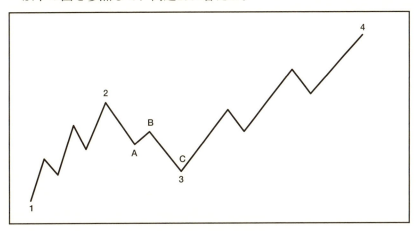

15. 点1、2、3、4が示しているのは何か。

   a. インターメディエートな下降トレンド

   b. メジャーな上昇トレンド

   c. マイナーな上昇トレンド

   d. インターメディエートな上昇トレンド

16. 継続パターンの例でないのは次のうちどれか。

   a. トライアングルパターン

   b. レクタングルパターン

   c. ペナント

   d. 直角トライアングル

17. セリングクライマックスに当てはまらないのは次のうちどれか。

   a. 初めに価格が急騰する

   b. 出来高が多い

   c. 取組高が大幅に減少する

   d. 初めに価格が急落する

以下の図を参照して、問題18に答えよ。

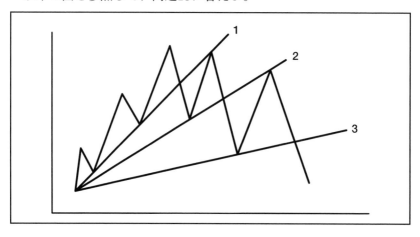

18. この図が表しているのは次のうちどれか。

   a．ファン理論

   b．点3でトレンド転換シグナル

   c．トレンドライン1と2が抵抗線になっている

   d．上記のすべて

以下の図を参照して、問題19に答えよ。

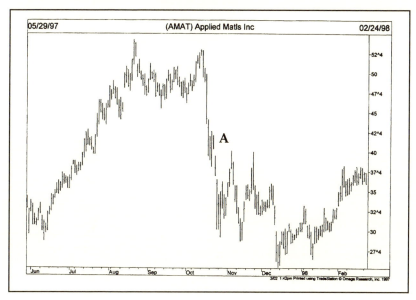

19. 点Aが表しているのは次のうちどれか。

 a．エグゾースチョンギャップ

 b．メジャリングギャップ

 c．リトレースメントギャップ

 d．ブレイクアウエーギャップ

以下の図を参照して、問題20に答えよ。

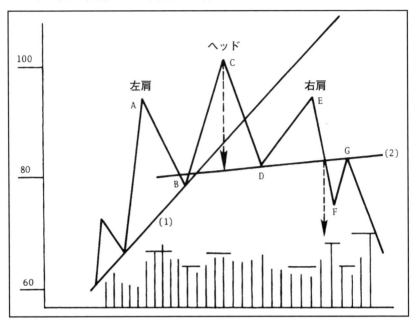

20. B、D、Gに沿って引かれた線を何と呼ぶか。

　a．ヘアライン

　b．ネックライン

　c．ディフェンシブライン

　d．下降トレンドライン

以下の図を参照して、問題21に答えよ。

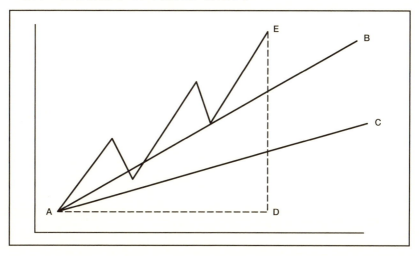

21．この図において2/3スピードラインはどれか。

   a．AB

   b．AC

   c．AD

   d．DE

22．どの反転パターンにも当てはまらないものは次のうちどれか。

   a．現在進行中のトレンドの存在

   b．パターンが小さいほど、その後の値動きが大きくなる

   c．底は通常、形成に時間を要する

   d．上記のすべて

以下の図を参照して、問題23に答えよ。

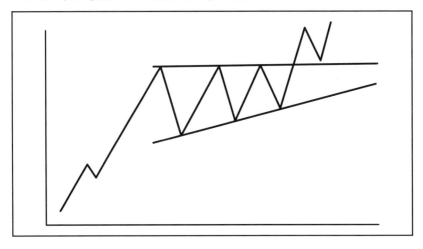

23. この図が表しているのは次のうちどれか。

　　a. 強気の下降トライアングル

　　b. 弱気の下降トライアングル

　　c. 強気の上昇トライアングル

　　d. 弱気の上昇トライアングル

以下の図を参照して、問題24に答えよ。

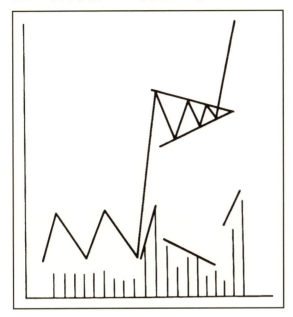

24.　これは何の例か。

   a．強気のペナント

   b．強気のフラッグ

   c．弱気のペナント

   d．弱気のフラッグ

以下の図を参照して、問題25に答えよ。

25. この図に含まれているのは次のうちどれか。

a. 強気のペナント

b. 弱気のペナント

c. 強気のフラッグ

d. 弱気のフラッグ

中間テストの解答と解説

問題の解答

A．25

B．12

C．18

D．35

E．23

F．30

G．8

H．24

I．36

J．32

K．3

L．34

M．2

N．41

O．6

P．27

Q．29

R．39

S．9

T．7

U．31

V．15

W．40

X．11

穴埋め問題の解答

1．ソーサー

2．証拠金

3．織り込んでいる

4．オンバランスボリューム（OBV）

5．フラッグ、ペナント

6．スパイク（V字）

7．長期

8．価格、出来高、取組高

9．価格

10．強気

11．チャネルライン

12. 出来高、取組高

13. トレンド

14. 拡大型

15. 支持線

16. 対称トライアングル、継続

17. 出来高、取組高

18. 上昇、下降

19. つなぎ足

20. パーペチュアルコントラクト（永久限月）

21. 長期、短期

選択問題の解答

1. b　これは**図4.12**（114ページ）である。線2は、45度に近く、最も有効性の高いトレンドラインである。

2. b　96ページの**図4.5a**参照。

3. d　すべてテクニカルアプローチの前提の正しい説明である（28ページ参照）。

4. d　ダブルトップは明確な2つの高値を持つが、通常、それらのパターンは似た形をしている。出来高は初めの高値では多く、2つ目の高値では少なくなる傾向がある。反発の動きが数回起こったとしても、それが有効なダブルトップを形成しているとは言えない（164ページの**図5.5a**参照）。

5. d　これは200ページの**図6.9c**である。各足は1日の値動きを表す。レクタングルパターンが見えただろうか。

6. a　194ページの**図6.7b**参照。最初のペナントは上昇トレンドを継続させている。2つ目は下降トレンドを継続させている。

7. c　この図（226ページの**図7.11**）では、取組高がはっきりと価

格の下降トレンドを確認している。このチャートでは出来高は分からない。

8. d この図はヘッド・アンド・ショルダーズ・ボトムを表している。ネックラインの傾斜が見て分かる。この図のなかにダイヤモンドパターンは存在しない（156ページの**図5.2b**参照）。

9. a ランダムウォーク理論は、価格は予測不可能であり、支持すべきは最も単純なバイ・アンド・ホールドであると説く（49〜50ページ参照）。

10. d ダウはトレンドをメジャートレンド、インターメディエートトレンド、マイナートレンドという3つに分類した。テクニカル分析アプローチではこの「3」という数字が頻繁に現れることに留意したい。例えば、価格・出来高・取組高という情報源も3つであった（55〜57ページ参照）。

11. a 天井圏で取組高が多い状態は、特に価格が突然下落したときに、弱気のシグナルになる（227ページ参照）。

12. c これは184ページの**図6.3b**である。この図に取組高は描かれていない。また、この図はソーサーを表すものでも、パターンがない状態を表すものでもない。

13. b 横ばいというのは、次の上昇や下落へ向かう前に相場が一時休止している状態を最もよく表している。アイランドリバーサルパターンを単独でメジャートレンドの予測に用いるべきではない（214〜217ページ参照）。

14. d 96ページの**図4.5a**参照。点1と3は抵抗線である。点2と4は支持線である。

15. b これらの点はメジャーな上昇トレンドを表している。点2と点3の間にあるA、B、Cはマイナートレンド内での波であり、上昇トレンド内に現れた二次的な調整を表している（86ページの**図4.2a**参照）。

16.　d　直角継続パターンのようなものは存在しない。

17.　a　価格はまず急落する。初めに価格が急騰するのはブローオフ
　　　　である。bとcはセリングクライマックスに当てはまる説明
　　　　である（132～134、230ページ参照）。

18.　d　これはファン理論の例である（111～113ページ）。トレンドラ
　　　　イン1と2が抵抗線になっており、点3がトレンド転換のシ
　　　　グナルとなっていることが分かる。

19.　b　天井と底の付近の枠内にあるのはエグゾースチョンギャップ
　　　　である（137ページの**図4.23b**参照）。

20.　b　これはヘッド・アンド・ショルダーズ・トップの例である。A
　　　　とEは肩で、Cはヘッドである。B、D、Gはネックライン
　　　　を形成している（148ページの**図5.1a**参照）。

21.　a　エドソン・グールドに考案されたこのスピードラインはトレン
　　　　ドを1/3ずつ分割する。これはトレンドの上昇率または下降
　　　　率を測定するものである（128ページの**図4.21a**参照）。

22.　b　すべてのトレンド反転に共通するのは、現在進行中のトレン
　　　　ドの存在、トレンドラインのブレイク、天井・底パターンの
　　　　形成（底のほうが形成により時間を要する）である。そして、
　　　　価格パターンが大きいほど、その後の値動きも大きくなる
　　　　（142～146ページ参照）。

23.　c　これは強気の継続パターンの例である。下辺が上昇している
　　　　のが分かる（177ページの**図6.1b**参照）。弱気のパターンなら
　　　　ば、下降トライアングルが現れているだろう。

24.　a　強気ペナントは小さい対称トライアングルに似ている。異な
　　　　るのは、ペナントとフラッグでは小休止が活発な市場のなか
　　　　に現れるという点である（192ページの**図6.6b**参照）。

25.　c　これは本質的に問題24の図と同じパターンである（193ページ
　　　　の**図6.7a**参照）。

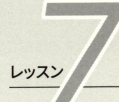

移動平均

読書課題

『マーケットのテクニカル分析』第9章。

目標

レッスン7の終了後に習得されるであろう内容は以下のとおり。

● このテクニカル指標の重要性を知ること
● 3種類の移動平均を見分けること
● 移動平均の使い方を理解すること
● 「ウイークリールール」の考え方を理解すること

オリエンテーション

　本章を学べば、移動平均がトレンドフォロー型システムとして広く利用され、非常に有用な情報を与えてくれることが分かるだろう。移動平均は指標として明瞭で、容易にコンピュータープログラミングすることができる。そして、この分野に関する豊かな背景知識が、厳密

な分析を行うテクニカルアナリストにとって有益であることが理解で
きる。

重要な用語

チャレンジ問題

問題

　下のA～Nの用語に合う定義を1～16から選べ（定義は1回以上用いられるものや、まったく用いられないものもある）。

A. ___7___　算術平均

B. _____　ボリンジャーバンド

C. _____　平均値

D. _____　終値

E. _____　二重交差メソッド

F. _____　5、10、20、40日

G. _____　調和

H. _____　リードタイム（ずらすこと）

I. _____　加重移動平均

J. _____　移動平均

K. _____　%エンベロープ

L. _____　13、21、34、55

M. _____　サイクル

N. _____　三重交差メソッド

1. 4・9・18日移動平均の組み合わせ

2. 移動平均の上下に配置された2本のトレーディングバンド

3. 主要な月次サイクルに基づいた単純なブレイクアウトシステム

4. データ集合の平均

5. 統計的に正確な移動平均の描画方法

6. 合計数を乗数の合計で割ったもの

7．単純移動平均

8．市場の動きのなかで重要な役割を果たす測定可能な反復的事象

9．移動平均でよく用いられる日数

10．移動平均分析で最もよく用いられる価格

11．期間の短い平均が期間の長い平均を上回ったとき買いシグナルが点灯する

12．移動平均線の上下に並行的に描かれる線

13．各サイクルは隣り合った次に長いサイクルと次に短いサイクルとは「2」という数字によって関係している

14．フィボナッチ連続数

15．移動平均値を実際の価格データよりも何日か将来に移す

16．平均

穴埋め問題

1．_____は主にトレンドフォロー戦略の手段として用いられる。

2．期間の_____平均のほうが値動きに対して感応度が低くなる傾向がある。

3．_____は、それぞれの日に均等に重み付けする種類の指標である。

4．期間の_____移動平均は、価格がトレンドを形成していない期間によく用いられる。

5．2つの移動平均を採用したとき、より期間の_____平均はタイミングを計るために用いられ、_____平均はトレンドを確認するために用いられる。

6．三重交差システムでは、4日平均が最も現在値に接近してトレンドを追いかける。9日、次に_____日がそれに続く。

7．_____サイクルは、よく知られたコモディティサイクルの1

つである。

8. 移動平均は市場が＿＿＿＿＿＿＿期にあるとき、指標として最も有効に機能する。

9. ＿＿＿＿＿＿＿というブレイクアウトシステムは、月次のドミナントサイクルに基づいている。

選択問題

1. 短期の移動平均は、

　a. 横ばいのパターンでうまく機能する

　b. ダマシの回数が多い

　c. 敏感に反応する

　d. 上記のすべて

2. 最もよく知られているサイクルは次のうちどれか。

　a. 隔月サイクル

　b. 15日サイクル

　c. 調和サイクル

　d. 月次サイクル

3. 終値が移動平均を上抜けたときの説明として最も正しいのは次のうちどれか。

　a. 買いシグナルが推奨される

　b. そのまま保有することが推奨される

　c. 売りシグナルが推奨される

　d. 横ばいのパターンがそれに続いて形成される

4．移動平均は、

   a．テクニカル指標ではない

   b．主観的である

   c．トレンドフォロー型システムである

   d．テクニカルアナリストからはほとんど無視されている

以下の図を参照して、問題5に答えよ。

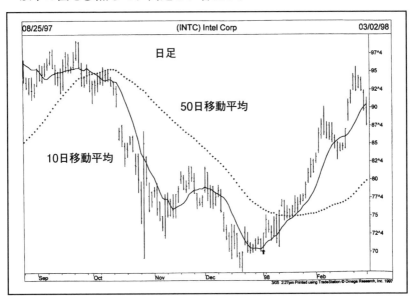

5．より長期の移動平均と比較して、10日移動平均は、

   a．遅い

   b．信頼に値する

   c．早期に上昇トレンドのシグナルを出している

   d．2月にタイミング良く売りシグナルを出している

6．ボリンジャーバンドの使用について。

   a．最も簡単なアプローチは、目標値として上下のバンドを用いる

　　　方法である

　　b．バンドはいつも一定の比率分離れている

　　c．バンドが広がったとき、新しいトレンドの開始が見込まれる

　　d．バンドが狭まったとき、トレンドの継続が見込まれる

7．加重移動平均が目指しているのは次のうちどれか。

　　a．移動平均の平滑化

　　b．重み付けの問題の修正

　　c．値動きの軽視

　　d．直近の終値が与える重みの減少

8．サイクル分析者が基礎的な相場サイクルを取り出すために最もよく用いるのは次のうちどれか。

　　a．平均値の技法

　　b．三重交差メソッド

　　c．リードタイム（ずらすこと）

　　d．反転集計結果システム

9．移動平均が最もよく適用される価格は次のうちどれか。

　　a．直近10日の価格

　　b．先月の価格

　　c．直前の四半期の価格

　　d．前年の価格

10．指数平滑移動平均とは、

　　a．現在に近い値動きほど重み付けを小さくする

　　b．高度なものではない

　　c．価格データを織り込む

d．特定の先物取引の価格データ全体が含まれる

11．％エンベロープはどのように用いることができるか。

a．市場の行きすぎを判定する

b．出来高を推計する

c．取組高を推計する

d．上記のどれでもない

12．4週間ルールを用いるシステムでは、

a．価格が下落したとき、買いポジションを閉じる

b．価格が下落したとき、買いポジションを決済し、空売りポジションを建てる

c．価格が上昇したとき、売りポジションを決済し、買いポジションも閉じる

d．価格が上昇したとき、売りポジションを買い戻して、買いポジションも決済する

以下の図を参照して、問題13に答えよ。

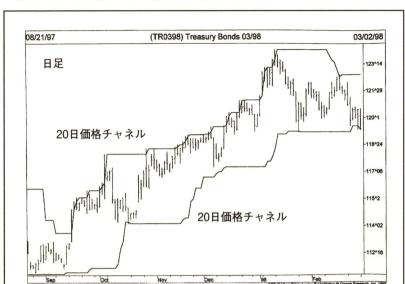

13. 期間20日の上方チャネルが出ているシグナルは次のうちどれか。

　a．売り手仕舞い

　b．買い

　c．待機

　d．新規の売り

14. 移動平均以外のトレンドフォロー手法は次のうちどれか。

　a．ウイークリープライスチャネル

　b．ラウンディングプライスチャネル

　c．ラインプライスチャネル

　d．指数プライスチャネル

15. 正しい説明は次のうちどれか。

a．移動平均はトレンドを予測する

b．移動平均は横ばいの市場では成績が悪い

c．移動平均がテクニカルアナリストに利用されることはめったにない

d．上記のどれでもない

16. 三重交差システムについて、正しい説明は次のうちどれか。

a．4・11・28日はよく使われる組み合わせである

b．上昇トレンドにおいて、4日線が11日線と28日線を交差したときに買いのアラートが出る

c．4日平均が最も接近してトレンドを追いかける

d．上記のすべて

17. 2つの移動平均を用いたとき、

a．買いシグナルはより短い平均がより長いものを下回ったときに与えられる

b．売りシグナルはより短い平均がより長いものを上回ったときに与えられる

c．2つの平均は市場に先行する

d．ダマシの数が減る

以下の図を参照して、問題18に答えよ。

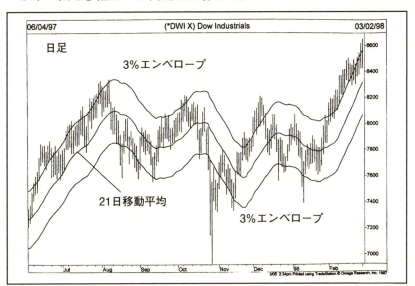

18. これは何の例か。

　a. フィルターの利用

　b. エンベロープの利用

　c. フィボナッチ数の利用

　d. 上記のすべて

19. 単純移動平均は、

　a. 広範囲にわたる取引期間をカバーしている

　b. 時間的に遠い価格よりも近い価格に、より大きく重み付けして
　　いる

　c. 多くのテクニカル分析で利用されている

　d. 加重移動平均としても知られている

解答と解説

問題の解答

A. 7

B. 2

C. 5

D. 10

E. 11

F. 9

G. 13

H. 15

I. 6

J. 4

K. 12

L. 14

M. 8

N. 1

穴埋め問題の解答

1. 移動平均

2. 長い

3. 単純移動平均

4. 短い

5. 短い、長い

6. 18

7. 月次

8.　トレンド

9.　4週間ルール

選択問題の解答

1.　d　この解答が示すように、短期移動平均は横ばいのパターンで最もよく機能する。短期移動平均は長期移動平均よりも感応度の高い指標であるが、それらはまたダマシをより多く出してしまう性質を持っている。移動平均は主観的なものではなく、敏感にシグナルを発信する（255ページ参照）。

2.　d　最もよく知られたサイクルは月次サイクルである。「調和」とは各サイクルがそれよりも長いサイクルや短いサイクルと2という数字によって関係しているというサイクル分析における1つの原理のことである（271〜272ページ参照）。

3.　a　価格が移動平均を上回れば、買いシグナルが点灯する。売りシグナルが出るのは、価格が移動平均を下回ったときである。価格が移動平均を上回ったり、下回ったりすることで横ばいパターンが形成されていくといったようなことを示す証拠は1つもない（282ページの**図9.12**参照）。

4.　c　移動平均はかなり敏感で、テクニカルアナリストの間で広く利用されているトレンドフォロー型のテクニカル指標である（255ページ参照）。

5.　c　短い平均ほど素早く動き、その信頼性は低い。そして、ダマシのシグナルを出してしまうおそれがある（261ページの**図9.4**参照）。

6.　a　ボリンジャーバンドは過去20日のボラティリティに基づいて拡張・収縮する。バンドが大きく広がったときはトレンド終了のシグナルと見ることができる。また、バンドが狭まった

ときは新しいトレンドが発生しつつあるサインと見ることができる（268～271ページ参照）。

7. b 加重移動平均は重み付けの問題を修正するために設計されたものである。指数平滑平均法を採用すると平均はなめらかになる。加重法は現在に近い終値により大きく重み付けするものである（257～258ページ参照）。

8. a 平均値は平均の統計的に正しい描画方法であり、サイクル分析などでは好ましい方法である。三重交差メソッドは3つの異なる日数の移動平均を用いるものである。平均値をずらして配置するもうひとつの方法であるが、サイクル分析には好ましい方法ではない（271ページ参照）。

9. a 移動平均は、もちろん長期チャートにも用いることができるが、日足チャートで最もよく用いられる（253～254ページ参照）。

10. d 指数平滑移動平均は値動きを織り込まない。これは厳密な（かなり高度な）技法を用いて、現在に近い値動きほど重み付けを大きくするものである（258ページ参照）。

11. a エンベロープは出来高や取組高とは何の関係もない（267～268ページ参照）。

12. b 4週間ルールの基本的な前提では、価格が下落したときに買いポジションを決済して、売りポジションを建てる。反対に、価格が過去4週の高値を上回ったら、売りポジションを買い戻して、買いポジションを建てる（271～272、275～281ページ参照）。

13. b 買いシグナルは9月下旬に出ている（281ページの**図9.11**参照）。

14. a 移動平均に加えて、ウイークリープライスチャネルやウイークリールールがトレンドフォローの手法としてよく知られて

いる（275ページ参照）。

15.　b　移動平均はトレンドをフォローする（追いかける）ものである。よって、移動平均は将来のトレンドを予測するものではない。移動平均はテクニカルアナリストによく使われる。移動平均は、市場にトレンドが出ているときはうまく機能するが、横ばいの市場ではうまく機能しない（253〜255ページ参照）。

16.　c　4・11・28はよく使われる平均ではない。bの組み合わせは三重交差メソッドのものではないので、4日線が11日線・28日線と交差しても買いシグナルは点灯しない。4日平均は最も現在値に接近してトレンドを追いかける。そして、それが9日・18日と交差したときに買いシグナルが点灯する（264ページ参照）。

17.　d　a〜cはすべて誤っている（262〜263ページ参照）。

18.　d　この図では、21日移動平均とともに3％エンベロープがどのように描かれるかが示されている。エンベロープはフィルターである（267ページの**図9.8a**参照）。

19.　c　この単純移動平均は10日間という期間だけをカバーしており、各取引日に均等に重み付けがなされている。これは算術平均とも呼ばれる（257ページ参照）。

レッスン 8

オシレーターと
コントラリーオピニオン

読書課題

『マーケットのテクニカル分析』第10章。

目標

レッスン8の終了後に習得されるであろう内容は以下のとおり。

- オシレーターの使い方を説明できるようになること
- ダイバージェンスを見分けること
- コントラリーオピニオンの手法を応用できるようになること
- 買われ過ぎ・売られ過ぎの市場の特性を知ること

オリエンテーション

　本章は、主にオシレーターについて述べており、テクニカルアナリストが市場の買われ過ぎ・売られ過ぎを判定するため、この手法をどのように用いるかを解説している。オシレーターの利用は、テクニカルアナリストが市場トレンドに対応する能力をさらに向上させるもう

ひとつの重要な技法である。

重要な用語

チャレンジ問題

問題

　下のA～Mの用語に合う定義を1～16から選べ（定義は1回以上用いられるものや、まったく用いられないものもある）。

A. __4__　　強気一致指数
B. _____　　コントラリーオピニオン
C. _____　　危険ゾーン
D. _____　　ダイバージェンス
E. _____　　フェイラースイング
F. _____　　%K%D
G. _____　　MACD
H. _____　　モメンタム
I. _____　　オシレーター
J. _____　　%R
K. _____　　ROC
L. _____　　RSI
M. _____　　ゼロライン

1. 多数が一致した意見と反対のことを行う
2. オシレーターと価格のラインがそれぞれ反対の方向へ動く
3. 左右移動記号
4. 市場のセンチメントを測る週1回発表される指標
5. 縦軸の目盛りは0～100
6. ストキャスティックスプロセス
7. この線の交差が売買シグナルを生み出す

8．買われ過ぎ・売られ過ぎを見分けるのに助けになるもの

9．値が20より下のときは買われ過ぎ、80より上は売られ過ぎである

10．極端値の境界を特定するもの

11．価格の変化の大きさである速度を測定するもの

12．極端な買われ過ぎ・売られ過ぎ状況による警告

13．RSIが70超または30未満となってから反転すること

14．2つの指数移動平均を用いたオシレーター

15．ラインが＋1と－1の幅に収まる

16．変化率

穴埋め問題

1．_____は、価格チャートと組み合わせることで、短期の相場の行きすぎを判定することができる。

2．原則として、_____との交差は通常、重要な売買シグナルとなる。

3．_____の測定には、一定期間の価格差をとる必要がある。

4．モメンタム指標は_____または_____の比率を測定する。

5．RSIは、縦軸の目盛りで_____超が買われ過ぎ、_____未満が売られ過ぎを示す。

6．オシレーターにダブルトップ（ダブルボトム）が形成されたときは、_____が存在する可能性がある。

7．ストキャスティックスでは、_____と_____という2本の線が用いられる。

8．価格比の利用は、_____を測定する1つの方法である。

9．_____は、スペキュレーター（投機家）の強気・弱気の度合いを評価するものである。

10．もし強気一致指数が75％を超えたなら、_____が近づいてい

る可能性がある。

11. オシレーターは、特に市場の動き（上昇や下落）の＿＿＿＿＿＿に向けて利用価値が高まる。

12. ＿＿＿＿＿＿は価格の上昇または下落に数日先行して動く。

選択問題

以下の図を参照して、問題1～3に答えよ。

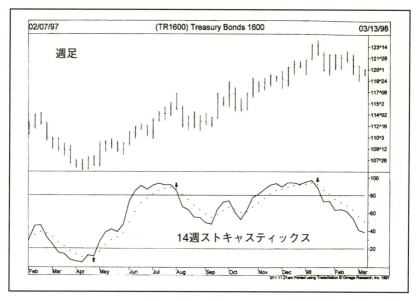

1. 図の下部に描かれた曲がった実線が表しているのは次のうちどれか。

a. Kライン

b. ROC

c. Dライン

d. MACD

2．図の下部に描かれた曲がった点線が表しているのは次のうちどれ
　か。

　　a．Kライン

　　b．ROC

　　c．Dライン

　　d．MACD

3．売りシグナルが出ているのはいつか。

　　a．4月と10月

　　b．8月と1月

　　c．9月と10月

　　d．6月と7月

4．オシレーターが最も有用なのはどのようなときか。

　　a．値が極端値の境界にあるとき

　　b．ダイバージェンスが存在するとき

　　c．ゼロラインを交差したとき

　　d．上記のすべて

5．最も正しい説明は次のうちどれか。

　　a．モメンタムチャートにはゼロラインがない

　　b．ゼロラインとの交差が売買シグナルとして用いられる

　　c．ゼロラインの上抜けは売りシグナルである

　　d．ゼロラインの下抜けは買いシグナルである

6．2つの移動平均が過度に離れたときは、

　　a．下降トレンドである見込みが大きい

　　b．トレンドは失速しない見込みが大きい

c．市場は行きすぎた状態にある

d．オシレーターは新しい情報をほとんど提供しない

7．RSIが解決する問題は次のうちどれか。

a．急速な価格変化によって引き起こされる不安定な動き

b．平準化

c．上限と下限を持ったレンジの必要性

d．上記のすべて

以下の図を参照して、問題8～9に答えよ。

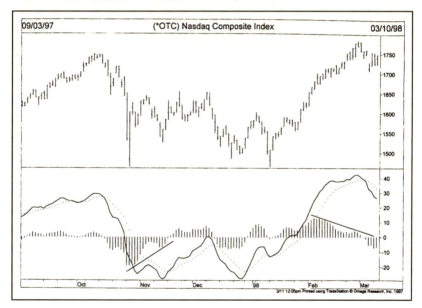

8．チャートの下部に見える縦縞が表しているのは次のうちどれか。

a．始値と終値の差

b．2つのMACDラインの差

c．出来高

d．取組高

9．売買シグナルが出るのはいつか（答えは２つ）。

   a．10月と11月

   b．11月と12月

   c．２月と３月

   d．上のどれでもない

10．ストキャスティックスの分析過程では、

   a．DラインはKラインに対して二次的な重要性しか持たない

   b．Rラインは小トレンドのための指標である

   c．Kラインは重要ではない

   d．Dラインはメジャートレンドのシグナルを発生させる際に重要
     である

11．オシレーターを使う最も簡単な方法は次のうちどれか。

   a．従法線測定システムを利用する

   b．ストキャスティックスを利用する

   c．ROCを測定する

   d．シグナル指標としてゼロラインを引く

12．70と30のラインがよく使われるのは次のうちどれか。

   a．%Rオシレーターの作成

   b．非トレンドパターンの開始点の決定

   c．シグナルの発生

   d．上記のすべて

13.　最も広く使用されているオシレーターは次のうちどれか。

a．ROC

b．RSI

c．MACD

d．ストキャスティックス

14.　最も正しい説明は次のうちどれか。

a．オシレーターはそのブレイクアウト時点で売買するのに適した指標である

b．ブレイクアウトの初期には、オシレーターの解釈を基本的なトレンド分析に優先させて考えることができる

c．オシレーターは市場の動き（上昇や下落）が終盤に入ると、より良く機能する指標である

d．オシレーターは市場の動きが成熟するにつれ、その重要性を失っていく

15.　最も正しい説明は次のうちどれか。

a．ちゃぶついた相場では、価格の高値と安値がオシレーターの山と谷と一致する

b．オシレーターは横ばいの相場においては観測する価値が乏しい

c．値動きの初期段階ではオシレーターに多大な注意を払うことが必要である

d．オシレーターは値動きが成熟したときにダマシが頻発する傾向がある

16.　本当のコントラリアンは、

a．テクニカル分析のアプローチをほとんど用いない

b．ファンダメンタルズ分析者の哲学に従う

c．多数派と反対のことをする

d．上記のすべて

17. 価格が上昇を続けている状態で弱気のダイバージェンスが発生するのは、何がどのような状態で、2つの切り下がっていく山を形成したときか。

a．Kラインが80超のとき

b．Dラインが80超のとき

c．Dラインが80未満のとき

d．Dラインが20未満のとき

18. ウィリアムズの%Rでは

a．20より下が買われ過ぎの値である

b．80より上が売られ過ぎの値である

c．設定期間はサイクルの1/3の長さが使われる

d．上記のどれでもない

19. ROCで直近の価格が10日前の価格よりも高いとき

a．比率は+1から－1の間に収まる

b．比率は100を上回る

c．比率は100を下回る

d．比率は市場のトレンドが変化するまで一定である

20. ダイバージェンス分析に必要な要件は次のうちどれか。

a．ダイバージェンスにストキャスティックスの原理を組み入れなければならない

b．ダイバージェンスは一時的なものでなければならない

c．ダイバージェンスはオシレーターが極値に接近したときに起こ

　　　る

d．上記のすべて

解答と解説

問題の解答

A．4

B．1

C．12

D．2

E．13

F．6

G．14

H．11

I．8

J．9

K．16

L．5

M．7

穴埋め問題の解答

1．オシレーター

2．ゼロライン

3．モメンタム

4．上昇、下落

5．70、30

6．ダイバージェンス

7．Kライン、Dライン

8．ROC

　9．コントラリーオピニオン

　10．天井

　11．終了

　12．モメンタムライン

選択問題の解答

1．a　曲線はKラインであり、破線はDラインである。「ROC」は変化率（Rate of Change）の略であり、MACDは移動平均収束拡散法（Moving Average Convergence Divergence）の略である（312ページの**図10.15**参照）。

2．c　上の問題1の解説を参照。

3．b　売りシグナルは速いKラインが遅いDラインを下回ったときに点灯する。これは8月と1月に起こっている。

4．d　a、b、cはオシレーターの最も重要な3つの利用法である。ここに記述された状況はほとんどのオシレーターに当てはまるものである（289～290ページ参照）。

5．b　ゼロラインとの交差を売買シグナルとして用いるのが最も簡単な方式である。モメンタムチャートにはゼロラインがある。cとdはまぎらわしいが、ゼロラインを上抜けた場合は買いシグナル、下抜けた場合は売りシグナルというのが正しい（293～294ページ参照）。

6．c　複数の移動平均が大きく離れたときは、相場は行きすぎた状態である。オシレーターは重要なデータソースである。しかし、「下降トレンドである」や「トレンドが失速しない」などというのは言いすぎである（289～290ページ参照）。

7．d　RSIは急速な価格変化によって引き起こされた不安定な動きの問題を解決するものである。上限（70）と下限（30）はRSI

を構成する一部である（294〜295、303〜310ページ参照）。

8．b　縦縞はヒストグラムであり、2本のMACDラインの差を表している（322ページの**図10.20a**参照）。

9．aとb　ゼロラインとの交差が売買シグナルを発生させる。322ページの**図10.20a**のヒストグラムはMACDラインよりも前に交差し、トレーダーに警告を与えている。

10．d　ストキャスティックスの分析過程では、最重要なのはDラインでKラインは二次的な意味を持つ。%Rオシレーターはストキャスティックスの分析過程とはやや異なる（310〜314ページ参照）。

11．d　オシレーターを使う最も簡単な方法はシグナル指標としてゼロラインを引くことである。従法線システムはオシレーターとは関係がない。ストキャスティックスは非常に有用ではあるが複雑である。ROCもまた有用な比率であるが、必ずしも簡単というわけではない（293〜294ページ参照）。

12．c　70と30のラインはそれぞれ買いと売りのシグナルを発生させるために用いられる。相場の状況によってトレンドのないパターンが生まれるかどうかが決まるのであり、70と30のラインが生み出すわけではない。

13．b　テクニカルアナリストは非常によくRSIを用いる。そのほかの手法も使われるが、RSIが最もよく用いられている（303〜310ページ参照）。

14．c　オシレーターは市場の動きが成熟し、終盤を迎えたころにその重要性を増す（317〜318ページ参照）。

15．a　aが最も正確な説明である。オシレーターは横ばいの市場で重要な情報を提供してくれる。オシレーターが最もよく機能するのは、値動きが成熟して終盤に差し掛かったときであって、大きな値動きが始まった初期のころではない（317〜318

ページ参照)。

16.　c　本当のコントラリアンは、多数派とは反対のことを行う。彼らの手法はテクニカル分析アプローチとして分類されているが、彼らは市場の動きに対して心理分析的アプローチをとる傾向が強い（324～327ページ参照）。

17.　b　bが正しい。Dラインが20を下回ったときに2つの切り上がっていく谷を形成したときは強気のダイバージェンスが起こっている可能性がある（310～314ページ参照）。

18.　d　ウィリアムズの%Rでは、買われ過ぎの値は20より下、売られ過ぎの値は80より上である。設定期間はサイクルの長さの1/2を用いる（315ページの**図10.18**参照）。

19.　b　「比率は100を上回る」というのが正しい。＋1と－1という表示はROCでは用いられない。固定値としての0はこのシステムでは使われない（295～296ページ参照）。

20.　c　ダイバージェンスはオシレーターの極値付近で起こるということは、オシレーターを使用するときに覚えておくべき基本である。ストキャスティックスとダイバージェンスは相互依存関係にない。「ダイバージェンスは一時的でなければならない」というのは、本書では扱っていない（289～290ページ参照）。

9

ポイント・アンド・フィギュア
とローソク足

読書課題

『マーケットのテクニカル分析』第11章と第12章。

目標

レッスン9の終了後に習得されるであろう内容は以下のとおり。

● ポイント・アンド・フィギュアを読み、描き、説明できるように
　なること
● ローソク足を読み、描き、説明できるようになること

オリエンテーション

　この2つの章はバーチャートの解説から離れる。取引の種類によっ
ては、ポイント・アンド・フィギュア・チャートを重要なテクニカル
指標の1つとして用いることができる。チャートを描く"コツ"が得
られるように、いくつかの実例を挙げている。すぐに明らかになるこ
とであるが、この実例で示される手法は学習しやすく、テクニカルア

ナリストに重要な情報を提供するものである。

　ローソク足チャートは、数世紀にわたり日本で利用されてきたものであるが、西洋の分析者にとっては比較的目新しいものだ。これは市場分析のもうひとつの重要なツールである。

重要な用語

チャレンジ問題

問題

下のA～Xの用語に合う定義を1～27から選べ（定義は1回以上用いられるものや、まったく用いられないものもある）。

A. ＿20＿ 陰線

B. ＿＿＿ 実体

C. ＿＿＿ 枠の大きさ（枠サイズ）

D. ＿＿＿ チャネルライン

E. ＿＿＿ 揉み合い

F. ＿＿＿ かぶせ線

G. ＿＿＿ 寄引同事線

H. ＿＿＿ 宵の明星

I. ＿＿＿ 支点

J. ＿＿＿ 水平カウント

K. ＿＿＿ 日中ポイント・アンド・フィギュア・チャート

L. ＿＿＿ 長大線

M. ＿＿＿ 明けの明星

N. ＿＿＿ ○列

O. ＿＿＿ 切り込み線

P. ＿＿＿ ポイント・アンド・フィギュア・チャート

Q. ＿＿＿ ローソク足の反転パターン

R. ＿＿＿ 反転基準

S. ＿＿＿ 上げ三法

T. ＿＿＿ 売りシグナル

U. ＿＿＿ ヒゲ（影、芯）

Ⅴ. _____　短小線

Ⅵ. _____　陽線

Ⅶ. _____　×列

1．チャート上の各枠に割り当てられる値

2．その日の始値と終値の差を表す長方形

3．さまざまな長さを持つヒゲ

4．パターンの横幅

5．価格の下落を表す

6．反転が起こるために必要な枠の数

7．純粋な価格の動きのみの研究

8．前の○列の最も低い枠を○列が1枠下回る

9．主にタイミングを計るための助けとして用いられる

10．3日間の反転パターン

11．買い集めの底や売り抜けの天井を形成する揉み合い

12．強気の反転パターン

13．資金フロー分析の一形態

14．非常に明確な高値と安値の間を動く横向きの値動き

15．ブレイクアウト

16．フロアトレーダーの間で広く用いられている

17．実体よりも長い上ヒゲと下ヒゲ

18．2日間の弱気の反転

19．始値と終値が同じ

20．終値が始値よりも安い

21．始値と終値の差が大きい

22．例えば、かぶせ線や切り込み線のこと

23．終値と始値の差が小さい

24．実体の上と下に伸びた線

25. ローソク足で構成されたパターンの1つ

26. 価格の上昇を表す

27. 終値が始値よりも高い

穴埋め問題

1. _____はブレイクアウトを前もって知る助けになる。

2. _____は、時間を考慮することなく、価格の動き
だけを描く。

3. ポイント・アンド・フィギュア・チャートの売買シグナルは、バ
ーチャートよりも明瞭で「ある」あるいは「ない」。_____

4. _____や_____はローソク足の反転パターンである。

5. ローソク足は、_____と_____という2つの基本的部分
で構成されている。

6. 終値が始値よりも高いとき、ローソク足の実体は「白い」あるい
は「黒い」。_____

7. _____はポイント・アンド・フィギュア・チャートには含ま
れない。

8. ポイント・アンド・フィギュア・チャートは、_____と
_____のポイントを明確に示してくれる。

9. 始値と終値の差が小さいとき、このローソク足は_____と呼
ばれる。

10. トレンドが続いている間、3枠反転がまったく起こらない状態を
_____と呼ぶ。

11. ポイント・アンド・フィギュアの最も重要な利点は、テクニカル
アナリストが_____や_____を容易に確認できるところ
にある。

12. _____は、非常に短い期間の取引に有用な手法で

ある。

13. ＿＿＿＿＿＿＿のヒゲの長さはさまざまである。

選択問題

以下の図Aと図Bを参照して、問題1〜2に答えよ。

図A

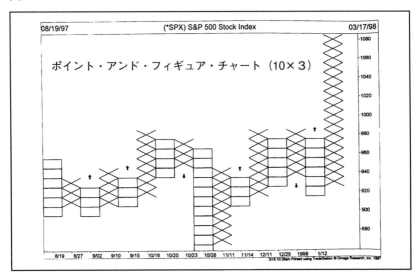

図B

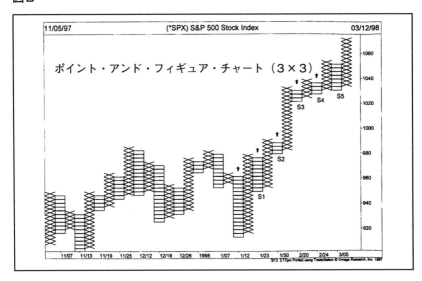

1．図Aは何の例か。

a．10枠反転

b．5枠反転

c．3枠反転

d．トリプルトップ

2．図Bは何の例か。

a．10枠反転

b．5枠反転

c．3枠反転

d．収益および収益性チャート

3．ポイント・アンド・フィギュアの価格感応度を高めるにはどうすればよいか。

a．反転基準の枠を減らす

b．反転基準の枠を増やす

c．時間基準点を利用する

d．×列を利用する

4．枠の大きさ（枠サイズ）の例として考えられるのは次のうちどれか。

a．1.00

b．2.00

c．5.00

d．上記のすべて

5．以下のローソク足チャートが表しているのは次のうちどれか。

  a．終値と始値の差が小さい

  b．終値が始値よりも安い

  c．終値と始値の差が大きい

  d．上記のどれでもない

6．伝統的な反転基準の順番は次のうちどれか。

  a．3－1－5枠反転

  b．1－2－3枠反転

  c．1－3－5枠反転

  d．5－3－1枠反転

7．以下のようなのローソク足のことを何というか。

  a．短小線と長大線

  b．コマ

  c．寄引同事線

  d．反転パターン

以下の図を参照して、問題8に答えよ。

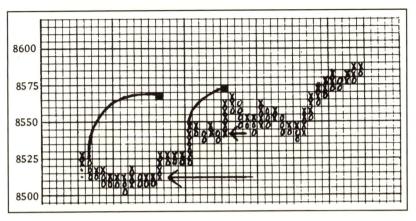

8．この図が表しているのは次のうちどれか。

a．1日のサイクル

b．揉み合いが生み出す問題

c．長期の描画

d．目標値がどのように決定されるか

以下の図を参照して、問題9に答えよ。

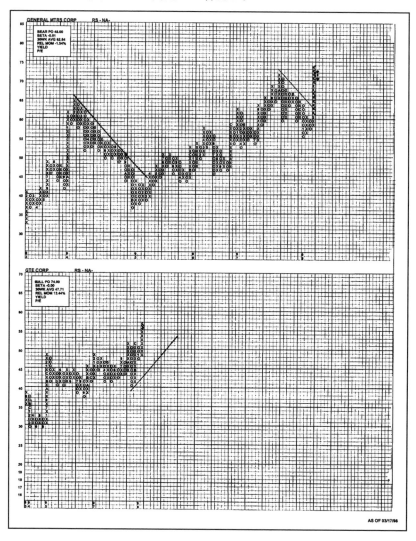

9．斜めの実線が示しているのは次のうちどれか。

- a．トレンドラインは必ず高値と高値または安値と安値を結んで引かれる
- b．45度のトレンドライン
- c．5日反転基準
- d．トレンドラインの通常の描き方

10．ポイント・アンド・フィギュア・チャートを使用する際は、

- a．トレンドラインをフィルターとして用いることができる
- b．売りポジションは単純型買いシグナルが出た時点で買い戻される
- c．買いポジションは単純型売りシグナルが出た時点で決済される
- d．上記のすべて

11．ポイント・アンド・フィギュア・チャートはどのような点において理想的か。

- a．枠と反転の大きさ（サイズ）が1つしかない
- b．利用法が1つに特定されている
- c．どのチャートでも使える仕掛け・手仕舞いポイントが得られることがある
- d．売買シグナルがバーチャートのものよりも明瞭である

以下の図を参照して、問題12に答えよ。

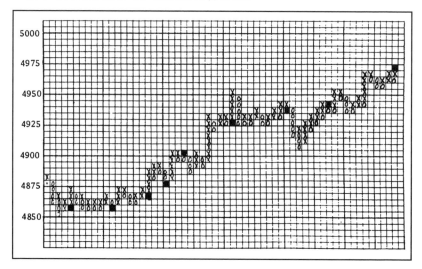

12. この図において、最も正しい説明は次のうちどれか。
   a．同一の列内で×と〇が同時に現れることはけっしてない
   b．これは３枠反転の例である
   c．黒塗りされた枠は基準点として用いられる
   d．上記のどれでもない

13. 振り分け線、上放れタスキ、三手打ち、入り首線に共通するもの
   はどれか。
   a．弱気の反転パターンである
   b．弱気の継続パターンである
   c．強気の反転パターンである
   d．強気の継続パターンである

14. 支点とは
   a．揉み合いである

b．重要な上昇や下落のあとに現れる

c．買い集めの底や売り抜けの天井を形成する

d．上記のすべて

15.　ソーサー、拡張Ｖ字、ディレイドエンディング、支点に共通する
　　　ものはどれか。

a．継続パターンである

b．天井である

c．ローソク足パターンである

d．底反転パターンである

16.　ポイント・アンド・フィギュアは何を測るために作られたのか。

a．時間と価格の動き

b．時間の動き

c．価格の動き

d．時間、価格および市場の幅の動き

以下の図を参照して、問題17に答えよ。

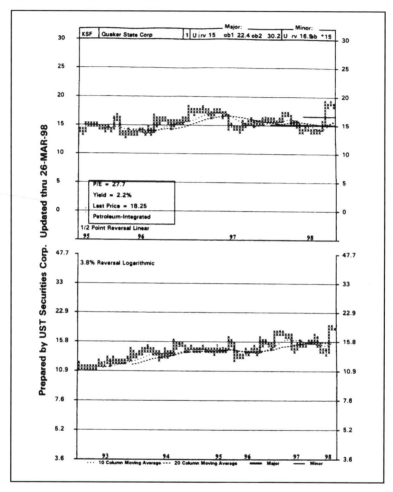

17. 点線と破線が表しているのは次のうちどれか。

a. 出来高と取組高

b. 2つの移動平均

c. 始値と終値の差

d. 上記のどれでもない

解答と解説

問題の解答

A．20

B．2

C．1

D．9

E．14

F．18

G．3、19

H．10

I．11

J．4

K．16

L．21

M．10

N．5

O．12

P．7

Q．22

R．6

S．25

T．8

U．24

V．23

W．27

X．26

穴埋め問題の解答

1．揉み合い
2．ポイント・アンド・フィギュア・チャート
3．ある
4．かぶせ線、切り込み線
5．ヒゲ、実体
6．白い
7．出来高
8．仕掛け、手仕舞い
9．短小線
10．ポール（柱）
11．支持線、抵抗線
12．日中ポイント・アンド・フィギュア・チャート
13．寄引同事線

選択問題の解答

1．c　これは3枠反転の例である。トリプルトップを示す特徴はない（335ページの**図11.3**参照）。
2．c　これはポイント・アンド・フィギュア・チャートに採用された3枠反転の例である（336ページの**図11.4**参照）。
3．a　価格感度を上げるには反転基準の枠を少なくするとよい。基準点は、利用者が選択するもので、ポイント・アンド・フィギュア・チャートの価格の動きを決定するものではない。×列は価格上昇を描く目的で用いられる（335〜336ページ参照）。
4．d　選択肢に挙げられた値はすべて枠の大きさ（枠サイズ）に用いられる。枠の値が大きくなれば、チャートの価格感応度は

下がる（335〜336ページ参照）。

5．c　小さい実体は価格差が小さいことを表す。黒い実体は終値が始値より安いことを意味している（372ページ参照）。

6．c　伝統的に適用されるサイズの順序は1枠反転チャートから始め、3枠、5枠へと増やしていく（340〜341ページ参照）。

7．c　aとbは、実体とヒゲがつくるローソク足の形状について述べている（371〜373ページ参照）。

8．d　この図は目標値がどのように決められるのかを示したものである。テクニカルアナリストは目標値を決定するために揉み合いの横幅の列数をカウントする（342ページの**図11.6**参照）。

9．b　この図の実線は45度のトレンドラインを表している。これは3枠反転チャートのみで用いられる。これは5日反転基準ではない。45度線はトレンドラインの一般的な描き方ではない。このようなチャートはかなり凝縮されているので、高値−高値、安値−安値を結ぶのは実際的ではない（352〜354ページ参照）。

10．d　トレンドラインはポイント・アンド・フィギュア・チャートでフィルターとして用いられる。bとcは正しい。売りポジションは単純型買いシグナルが出た時点で買い戻される（351〜355ページ参照）。

11．d　設計上、ポイント・アンド・フィギュアは売買シグナルの観点から言えば、バーチャートよりも明瞭である。枠と反転の大きさ（サイズ）は変更可能であり、実際に変更されている。仕掛け・手仕舞いポイントを得るためにこのチャートはさまざまな用いられ方をする。また、得られた仕掛け・手仕舞いポイントはこのチャートに特有のものである（332〜337ページ参照）。

12．c　この図は、同一の列に×列と○列が同居することが認められ

た1枠反転チャートである。黒塗りされた枠は各取引日の終了を特定している（338～339ページ参照）。

13. d 383ページの「ローソク足パターン」参照。

14. d 支点（または、揉み合い）という用語には、選択肢の定義がすべて含まれている。ポイント・アンド・フィギュア・チャートではこの支点が非常によく出現する（343ページ参照）。

15. d 344ページの**図11.7**参照。

16. c ポイント・アンド・フィギュア・チャートは純粋な価格の動きのみ記録を意図するもので、時間は記録しない。実際、これらのチャートは時間を無視している（332ページ参照）。

17. b 移動平均はバーチャートで最もよく用いられるが、ポイント・アンド・フィギュア・チャートにも適用することができる（364～366ページの**図11.21**）。

最終テスト

　このテストの目的はテクニカル分析の基本概念と手法の理解度を評価することにある。各問題は、読者の知識を実際のチャートに適用する形をとっているので、各レッスンの問題を解くよりも、さらに理解が深まるように作られている。よって、このテスト自体が学習の一環となるはずである。

下の図1を参照して、問題1～5に答えよ。

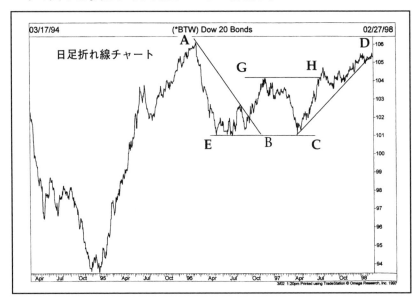

1. 抵抗線は点_____と点_____をつないだ線である。

2. 上昇トレンドラインは点_____と点_____をつないで引かれる。

3. 下降トレンドラインは点_____と点_____をつないで引かれる。

4. 支持線は点_____と点_____をつないだ線である。

5. ブレイクアウトは点_____で起こっている。

下の図２を参照して、問題６〜10に答えよ。

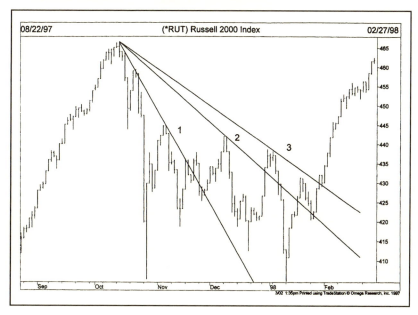

6. このチャートは、①バー、②ライン、③ポイント・アンド・フィギュア、④ローソク足──のチャートである。＿＿＿

7. ３本の広がっていくトレンドラインは＿＿＿＿である。

8. 反転し、買いシグナルが与えられるのは、価格がどの線を上抜いたときか。＿＿＿

9. 各線は、①支持線、②抵抗線──として描かれている。＿＿＿

10. それぞれの線がいったんブレイクされれば、①支持線、②抵抗線──となる。＿＿＿

下の図３を参照して、問題11〜15に答えよ。

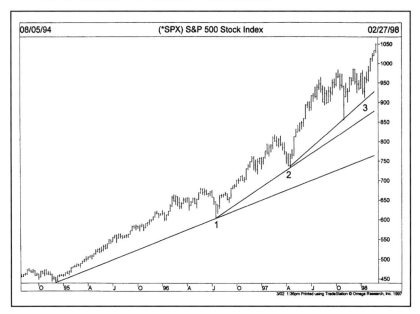

11. このチャートは、①日足チャート、②週足チャート —— である。

12. メジャーなトレンドラインは＿＿＿番の線である。

13. 短期の上昇は＿＿＿番のトレンドラインで示されている。

14. インターメディエートなトレンドラインは＿＿＿番である。

15. トレンドラインの角度が45度よりも大きくなったとき、そのトレンドラインは、①持続できない、②元に戻れない —— 可能性がある。＿＿＿

下の図４を参照して、問題16〜20に答えよ。

16. このチャートは、①週足、②月足 —— の、③折れ線、④バー、⑤ポイント・アンド・フィギュア —— チャートである。＿＿＿＿

17. ２本の平行線は＿＿＿＿＿である。

18. 価格が上のラインに到達できなかったときは、トレンドは、①弱まっている、②強まっている —— とみることができる。＿＿＿＿

19. 価格が上のラインをブレイクしたときは、上昇トレンドが、①変化、②加速 —— しているとみることができる。＿＿＿＿

20. いったんブレイクアウトが起これば、価格はチャネル幅の、①全幅、②1/2、③1/3 —— に等しい距離を動くと考えられる。＿＿＿＿

下の図5を参照して、問題21〜24に答えよ。

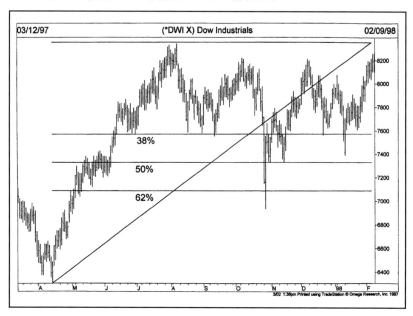

21. このチャートは、①日足、②週足——チャートである。_____

22. 水平線は_____比率を表している。

23. 各線は4月の安値から8月の高値までの距離を基準とした比率に
    等しい相場の_____を表している。

24. この3本の線には、価格トレンドは、①1/4、②1/3、③1/2——
    に分割できるという事実の認識が反映されている。_____

下の図6を参照して、問題25〜28に答えよ。

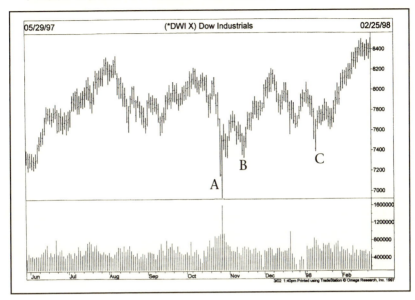

25. このチャートは、①日足、②週足 —— チャートである。

26. チャートの下部にある縦棒は_____を表している。

27. 劇的なセリングクライマックスは点_____で起こっている。

28. このセリングクライマックスがほかの2つのポイントとは異なっているのは、_____の急増が伴っている点である。

下の図7aと図7bを参照して、問題29〜34に答えよ。

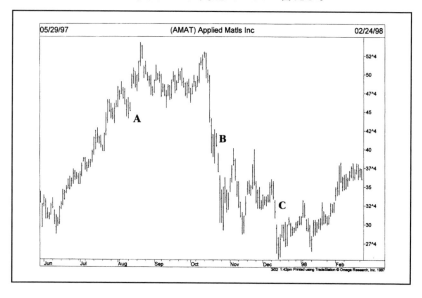

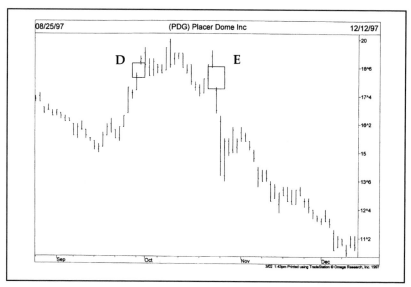

29. 点Aは何と呼ばれるギャップか。 _____

30. 点Bは何と呼ばれるギャップか。 _____

31. 点Cは何と呼ばれるギャップか。 _____

32. 点Dは何と呼ばれるギャップか。 _____

33. 点Eは何と呼ばれるギャップか。 _____

34. 点Dと点Eが組み合わさると_____のパターンになる。

下の図8を参照して、問題35〜39に答えよ。

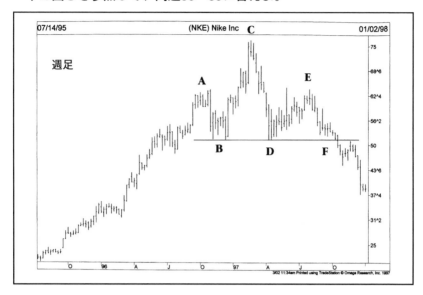

35. この図のパターンは_____である。

36. この図に描かれた水平線は_____と呼ばれる。

37. これは、①継続パターン、②反転パターン ―― である。_____

38. このパターンは点_____で完成すると考えられる。

39. 出来高が最も多くなると予想されるのは点_____である。

下の図９を参照して、問題40〜43に答えよ。

40. 点Aと点Bの間にあるパターンは＿＿＿＿＿である。

41. このパターンは、①強気、②弱気 ── とされる。＿＿＿＿

42. 点Bでのブレイクアウトが、パターン幅全体の2/3辺りのところで起こることは、①よくある、②珍しい。＿＿＿＿

43. これは、①反転パターン、②継続パターン ── である。＿＿＿＿

下の図10を参照して、問題44〜45に答えよ。

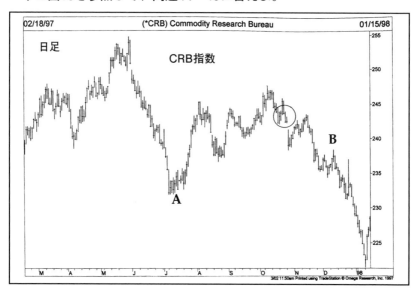

44. 点Aと点Bの間にあるパターンは＿＿＿＿＿である。

45. これは通常、①強気のパターン、②弱気のパターン ―― である。

＿＿＿＿

下の図11を参照して、問題46～50に答えよ。

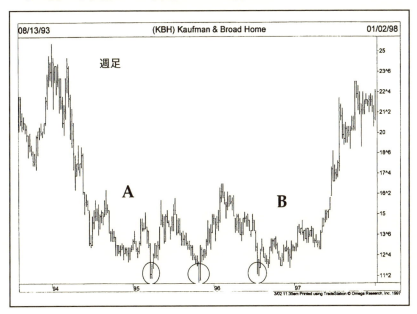

46. 点Aと点Bの間にあるパターンは＿＿＿＿＿＿＿である。

47. これは、①反転パターン、②継続パターン ―― である。 ＿＿＿

48. これは、①強気のパターン、②弱気のパターン ―― である。 ＿＿＿

49. ブレイクアウト後の価格はパターンの高さの、①すべて、②1/2、
    ③1/3 ―― 程度動く可能性がある。 ＿＿＿

50. ブレイクアウト点への押し（または、戻り）は、①よく起こる、②
    あまり起こらない。 ＿＿＿

下の図12を参照して、問題51〜53に答えよ。

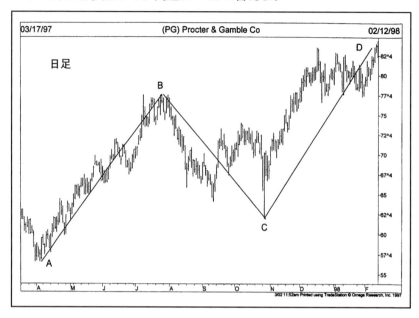

51. この4本線によって描かれたパターンは＿＿＿＿＿＿である。

52. 線BCは線ABのどの程度まで押す可能性があるか。＿＿＿＿

53. 線CDと線ABの長さを比べると、①線CDと線ABは同程度になる、②線CDのほうが線ABよりも長くなる — と予想される。

＿＿＿＿

下の図13を参照して、問題54〜57に答えよ。

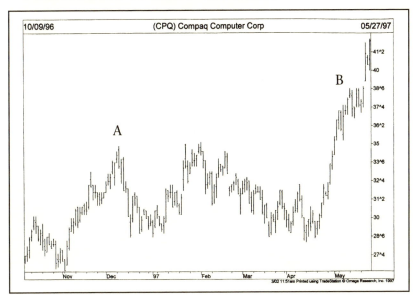

| 10/09/96 | (CPQ) Compaq Computer Corp | 05/27/97 |

54. 点Aと点Bの間にあるパターンは＿＿＿＿＿＿＿である。

55. これは、①強気のパターン、②弱気のパターン ── である。

　＿＿＿＿

56. このパターンは＿＿＿＿＿などとも呼ばれる。

57. いったんブレイクアウトすれば、価格はどの程度まで動くと期待
　　されるか。＿＿＿＿＿＿＿＿＿

下の図14を参照して、問題58～60に答えよ。

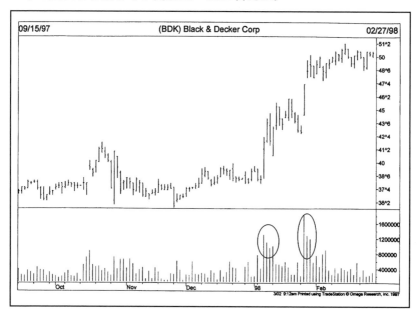

58. チャート下部にある縦棒は＿＿＿＿＿＿を表している。

59. 円内の縦棒は、価格の動きに関連させてみたとき、①確認、②ダ
　　イバージェンス ―― していると言える。＿＿＿＿＿

60. これは、①短期、②中期、③長期 ―― チャートである。＿＿＿＿＿

下の図15を参照して、問題61〜63に答えよ。

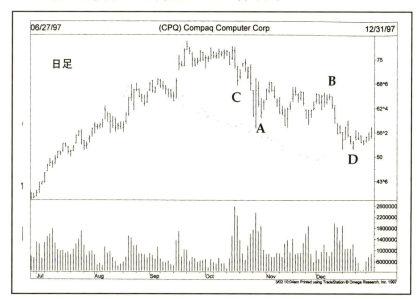

61. 点Aと点Bの間にあるパターンは＿＿＿＿＿である。

62. これは、①反転パターン、②継続パターン ── である。 ＿＿＿＿

63. C点とD点において価格が下落に転じたとき、その両方で＿＿＿の
    ＿＿＿が伴っている。

下の図16を参照して、問題64に答えよ。

64. チャートの下部に描かれた線が価格を追いかけて動くとき、①値
動きを確認、②値動きとダイバージェンス ―― しているという。

――――

下の図17を参照して、問題65〜67に答えよ。

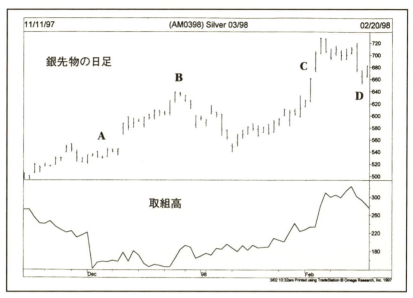

65. チャートの下部に描かれたラインは＿＿＿＿＿＿の＿＿＿＿＿＿また
    は＿＿＿＿＿＿を表している。

66. 新規の資金（新規の買い手）が市場に流入しているのはどのポイ
    ントか。＿＿＿＿

67. 取引が決済され、価格が下方へ調整し始めているのはどのポイン
    トか。＿＿＿＿

下の図18を参照して、問題68〜71に答えよ。

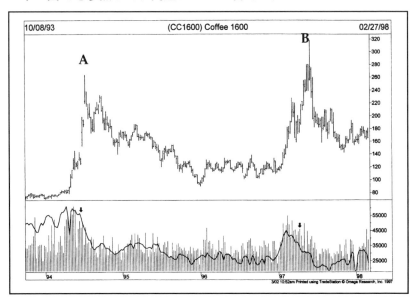

68. 点Aや点Bは＿＿＿＿＿＿＿＿と呼ばれる。

69. このようなパターンが相場の底で出現した場合は、＿＿＿＿＿＿＿＿と呼ばれる。

70. どちらのパターンも出来高は、①多い、②少ない。＿＿＿＿＿

71. どちらのパターンも取組高は、①減少する、②増加する。＿＿＿＿＿

下の図19を参照して、問題72〜75に答えよ。

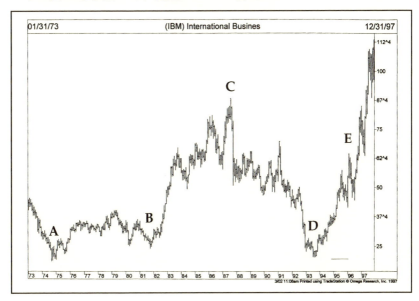

72. このチャートは、①週足チャート、②月足チャートである。

　　_____

73. 長期的な支持線はおよそ_____ドルの水準にある。

74. 支持線として明示されているのはどの点か。_____

75. 新しいメジャートレンドの開始を示しているのはどの点か。

　　_____

下の図20を参照して、問題76〜79に答えよ。

76. 2本の移動平均線は、①価格データの平均、②出来高データの平均 ── を表している。_____

77. 10日平均は50日平均と比べて、①より短い平均、②より長い平均 ── と言われる。_____

78. 相場が上昇に転じたことを最初に知らせるのは、①10日平均、② 50日平均 ── である。_____

79. 相場の上昇前にダマシの買いシグナルを出してしまうのは、①10 日平均、②50日平均 ── である。_____

下の図21を参照して、問題80〜82に答えよ。

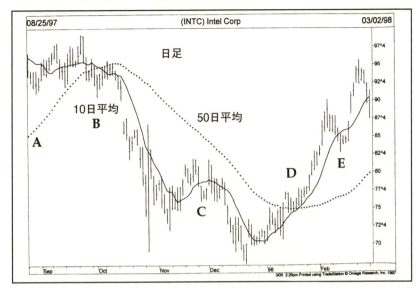

80. 点＿＿＿と点＿＿＿は二重交差メソッドを明確に示すポイントで
    ある。

81. 点＿＿＿は売りシグナルである。

82. 点＿＿＿は買いシグナルである。

下の図22を参照して、問題83〜85に答えよ。

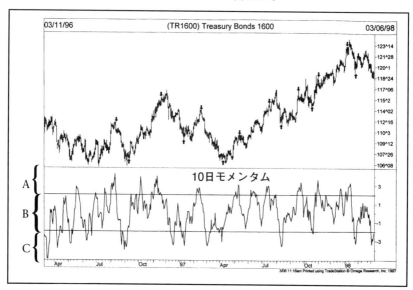

83. チャート下部に描かれた曲線は_____である。

84. 数値が、①レンジのA、②レンジのB、③レンジのC —— にある
　　ときは、相場は買われ過ぎである。_____

85. 数値が、①レンジのA、②レンジのB、③レンジのC —— にある
　　ときは、相場は売られ過ぎである。_____

下の図23を参照して、問題86〜88に答えよ。

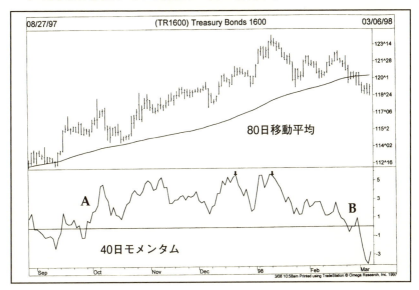

86. チャートの下部に描かれているオシレーター領域にある水平な線
    は_____と呼ばれる。

87. 上記の線を上抜いている点Aは、①買いシグナル、②売りシグナ
    ル —— となる。_____

88. 上記の線を下抜いている点Bは、①買いシグナル、②売りシグナ
    ル —— となる。_____

下の図24を参照して、問題89〜91に答えよ。

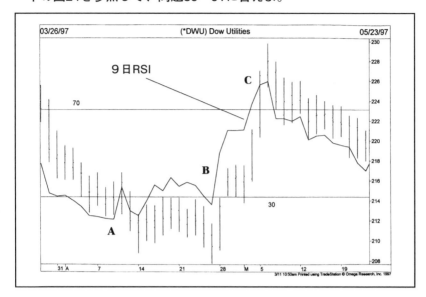

89. RSIは値動きの_____を_____で割って算出される比率を示している。

90. このチャートは、①ボトムフェイラースイング、②トップフェイラースイング —— を表している。_____

91. 点_____は底のシグナルである。

下の図25を参照して、問題92〜96に答えよ。

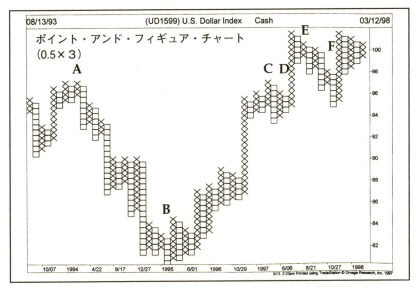

92. このチャートの枠の大きさ（サイズ）は、①0.5、②0.3 —— である。_____

93. 反転基準は、①5、②3 —— である。_____

94. 買いシグナルが出るのは、点_____（複数）である。

95. 売りシグナルが出るのは、点_____（複数）である。

96. もし反転基準を大きくすれば、チャートの価格感応度は、①高くなる、②低くなる。_____

下の図26を参照して、問題97～101に答えよ。

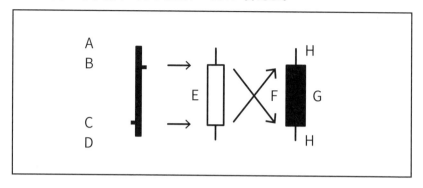

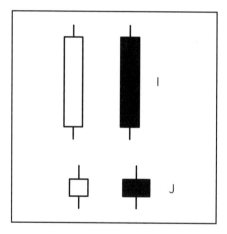

97. 終値は点_____である。

98. 終値が始値よりも安いとき、ローソク足は_____のようになる。

99. 実体を表すのは_____である。

100. ヒゲ（影、芯）を表すのは_____である。

101. 長大線を表すのは_____である。

最終テスト──解答と解説

図1

1. 抵抗線は点Gと点Hをつないだ線である。

2. 上昇トレンドラインは点Cと点Dをつないで引かれる。

3. 下降トレンドラインは点Aと点Bをつないで引かれる。

4. 支持線は点Eと点Cをつないだ線である。

5. ブレイクアウトは点Hで起こっている。

図2

6. これはバーチャートである。

7. 3本の広がっていくトレンドラインはファンラインである。

8. 反転し、買いシグナルが与えられるのは、価格が線3を上抜いたときである。

9. 各線は抵抗線として描かれている。

10. それぞれの線がいったんブレイクされれば、支持線になる。

図3

11. このチャートは週足チャートである。

12. メジャーなトレンドラインは1番の線である。

13. 短期の上昇は3番のトレンドラインで示されている。

14. インターメディエートなトレンドラインは2番である。

15. トレンドラインの角度が45度よりも大きくなったとき、そのトレンドラインは持続できない可能性がある。

図4

16. このチャートは月足の折れ線チャートである。

17. 2本の平行線はチャネル（リターン）ラインである。

18. 価格が上のラインに到達できなかったときは、トレンドは弱まっているとみることができる。

19. 価格が上のラインをブレイクしたときは、上昇トレンドが加速しているとみることができる。

20. いったんブレイクアウトが起これば、価格は通常、チャネル幅の全幅に等しい距離を動くと考えられる。

図5

21. このチャートは日足チャートである。

22. 水平線はリトレースメント比率を表している。

23. 各線は4月の安値から8月の高値までの距離を基準とした比率に等しい相場の調整を表している。

24. この3本の線には、価格トレンドは、1/3に分割できるという事実の認識が反映されている。

図6

25. このチャートは日足チャートである。

26. チャートの下部にある縦棒は出来高を表している。

27. 劇的なセリングクライマックスは点Aで起こっている。

28. このセリングクライマックスがほかの2つのポイントとは異なっているのは、出来高の急増が伴っている点である。

図7aと図7b

29. 点Aは、エグゾースチョンギャップである。

30. 点Bは、メジャリング（測定）ギャップである。

31. 点Cは、エグゾースチョンギャップである。

32. 点Dは、エグゾースチョンギャップである。

33. 点Eは、下方へのブレイクアウエーギャップである。

34. 点Dと点Eが組み合わさると、アイランドリバーサルトップのパターンになる。

図8

35. この図のパターンは、ヘッド・アンド・ショルダーズである。

36. この図に描かれた水平線は、ネックラインと呼ばれる。

37. これは、反転パターンである。

38. このパターンは点Fで完成すると考えられる。

39. 出来高が最も多くなると予想されるのは点Fである。

図9

40. 点Aと点Bの間にあるパターンは、対称トライアングルである。

41. このパターンは、強気とされる。

42. 点Bでのブレイクアウトが、パターン幅全体の2/3辺りのところで起こることはよくある。

43. これは、継続パターンである。

図10

44. 点Aと点Bの間にあるパターンは、上昇ウエッジである。

45. これは通常、弱気のパターンである。

図11

46. 点Aと点Bの間にあるパターンは、トリプルボトムである。

47. これは、反転パターンである。

48. このパターンは、強気のパターンである。

49. ブレイクアウト後の価格はパターンの高さのすべて程度動く可能
    性がある。

50. ブレイクアウト点への押し（または、戻り）は、よく起こる。

図12

51. この4本線によって描かれたパターンは、メジャードムーブであ
    る。

52. 線BCは線ABを1/2〜2/3程度まで押す可能性がある。

53. 線CDと線ABの長さを比べると、線CDと線ABは同程度になる
    と予想される。

図13

54. 点Aと点Bの間にあるパターンは、レクタングルパターンである。

55. このパターンは、強気のパターンである。

56. このパターンの別名は、トレーディングレンジとか揉み合いなど
    と呼ばれる。

57. いったんブレイクアウトすれば、価格はパターンの高さと同じ程度まで動くと期待される。

図14

58. チャート下部にある縦棒は、出来高を表している。
59. 円内の縦棒は、価格の動きに関連させてみたとき、確認していると言える。
60. これは短期チャートである。

図15

61. 点Aと点Bの間にあるパターンは、トライアングルパターンである。
62. これは、継続パターンである。
63. C点とD点において価格が下落に転じたとき、その両方で出来高の増加が伴っている。

図16

64. チャートの下部に描かれた線が価格を追いかけて動くとき、値動きを確認しているという。

図17

65. チャートの下部に描かれたラインは、未決済の買い玉または売り玉を表している。
66. 新規の資金（新規の買い手）が市場に流入しているのは、Cのポ

イントである。

67. 取引が決済され、価格が下方へ調整し始めているのは、Dのポイントである。

図18

68. 点Aや点Bは、ブローオフと呼ばれる。
69. このようなパターンが相場の底で出現した場合は、セリングクライマックスと呼ばれる。
70. どちらのパターンも出来高は多い。
71. どちらのパターンも取組高は減少する。

図19

72. このチャートは月足チャートである。
73. 長期的な支持線はおよそ20ドルの水準にある。
74. 支持線として明示されているのは、AとDである。
75. 新しいメジャートレンドの開始を示しているのは、Eである。

図20

76. 2本の移動平均線は、価格データの平均を表している。
77. 10日平均は50日平均と比べて、より短い平均と言われる。
78. 相場が上昇に転じたことを最初に知らせるのは、10日平均である。
79. 相場の上昇前にダマシの買いシグナルを出してしまうのは、10日平均である。

図21

80. 点Bと点Dは、二重交差メソッドを明確に示すポイントである。
81. 点Bは、売りシグナルである。
82. 点Dは、買いシグナルである。

図22

83. チャート下部に描かれた曲線は、オシレーターである。
84. 数値が、レンジのAにあるときは、相場は買われ過ぎである。
85. 数値が、レンジのCにあるときは、相場は売られ過ぎである。

図23

86. チャートの下部に描かれているオシレーター領域にある水平な線は、ゼロラインと呼ばれる。
87. ゼロラインを上抜いている点Aは、買いシグナルとなる。
88. ゼロラインを下抜いている点Bは、売りシグナルとなる。

図24

89. RSIは値動きの値上がり幅の平均を値下がり幅の平均で割って算出される比率を示している。
90. このチャートは、ボトムフェイラースイングを表している。
91. 点Bは底のシグナルである。

図25

92. このチャートの枠の大きさ（サイズ）は0.5である。

93. 反転基準は、3である。

94. 買いシグナルが出るのは、点B、点D、点Fである。

95. 売りシグナルが出るのは、点A、点C、点Eである。

96. もし反転基準を大きくすれば、チャートの価格感応度は、低くなる。

図26

97. 終値は、点Bである。

98. 終値が始値よりも安いとき、ローソク足はFのようになる。

99. 実体を表すのはGである。

100. ヒゲ（影、芯）を表すのはHである。

101. 長大線を表すのはIである。

■著者紹介
ジョン・J・マーフィー（John J. Murphy）
テクニカル分析に30年以上従事。元メリルリンチテクニカル分析部門責任者。オンラインの投資家向け分析サービス提供会社マーフィーモリスの創立者兼社長。米CNBCテレビのテクニカルアナリストを7年間務める。本書のほかに、『マーケットのテクニカル分析』『市場間分析入門』（パンローリング）、『ビジュアル・インベスター』『トレーディング・ウィズ・インターマーケット・アナリシス』『チャーティング・メイド・イージー』『プリング・トゥゲザー』などがある。

■監修者紹介
長尾慎太郎（ながお・しんたろう）
東京大学工学部原子力工学科卒。北陸先端科学技術大学院大学・修士（知識科学）。日米の銀行、投資顧問会社、ヘッジファンドなどを経て、現在は大手運用会社勤務。訳書に『魔術師リンダ・ラリーの短期売買入門』『新マーケットの魔術師』など（いずれもパンローリング、共訳）、監修に『高勝率トレード学のススメ』『ラリー・ウィリアムズの短期売買法【第2版】』『コナーズの短期売買戦略』『続マーケットの魔術師』『続高勝率トレード学のススメ』『ウォール街のモメンタムウォーカー』『投資哲学を作り上げる　保守的な投資家ほどよく眠る』『システマティックトレード』『株式投資で普通でない利益を得る』『成長株投資の神』『ブラックスワン回避法』『市場ベースの経営』『金融版 悪魔の辞典』『世界一簡単なアルゴリズムトレードの構築方法』『新装版 私は株で200万ドル儲けた』『リバモアの株式投資術』『ハーバード流ケースメソッドで学ぶバリュー投資』『システムトレード 検証と実践』『バフェットの重要投資案件20 1957-2014』『堕天使バンカー』『ゾーン【最終章】』『ウォール街のモメンタムウォーカー【個別銘柄編】』『マーケットのテクニカル分析』『ブラックエッジ』『逆張り投資家サム・ゼル』など、多数。

■訳者紹介
田村英基（たむら・ひでき）
1979年生まれ。大学卒業後、金融機関で債券運用業務に従事。その後、証券会社で海外証券デリバティブのブローキング業務やバックオフィスシステムの開発に携わる。現在は事業会社で再生可能エネルギーファンド組成に関する業務の責任者を務める。趣味でFXの自動売買プログラミングを行い、日夜高いリターンを求めて奮闘中。

本書の感想をお寄せください。

お読みになった感想を下記サイトまでお送りください。
書評として採用させていただいた方には、
弊社通販サイトで使えるポイントを進呈いたします。

https://www.panrolling.com/execs/review.cgi?c=wb

2018年4月2日　　初版第1刷発行
2021年8月1日　　　第2刷発行
2024年1月1日　　　第3刷発行

ウィザードブックシリーズ㉛

マーケットのテクニカル分析 練習帳

著　者　ジョン・J・マーフィー
監修者　長尾慎太郎
訳　者　田村英基
発行者　後藤康徳
発行所　パンローリング株式会社
　　　　〒160-0023　東京都新宿区西新宿7-9-18　6階
　　　　TEL 03-5386-7391　FAX 03-5386-7393
　　　　http://www.panrolling.com/
　　　　E-mail　info@panrolling.com
編　集　エフ・ジー・アイ（Factory of Gnomic Three Monkeys Investment）合資会社
装　丁　パンローリング装丁室
組　版　パンローリング制作室
印刷・製本　株式会社シナノ
ISBN978-4-7759-7229-8

マーケットのテクニカル分析
トレード手法と売買指標の完全総合ガイド

ジョン・J・マーフィー【著】

定価 本体5,800円+税　ISBN:9784775972267

この1冊でテクニカル分析のすべてをマスターできる！
世界的権威が著したテクニカル分析の決定版！

1980年代後半に世に出された『テクニカル・アナリシス・オブ・ザ・フューチャーズ・マーケット（Technical Analysis of the Futures Markets）』は大反響を呼んだ。そして、先物市場のテクニカル分析の考え方とその応用を記した前著は瞬く間に古典となり、今日ではテクニカル分析の「バイブル」とみなされている。そのベストセラーの古典的名著の内容を全面改定し、増補・更新したのが本書である。本書は各要点を分かりやすくするために400もの生きたチャートを付け、解説をより明快にしている。

初心者から上級者までのあらゆるレベルのトレーダーにとって有益な本書のテクニカル分析の解説を読むことで、チャートの基本的な初級から上級までの応用から最新のコンピューター技術と分析システムの最前線までを一気に知ることができるだろう。

DVD
ジョン・マーフィーの
値上がる業種を探せ

ジョン・J・マーフィー【著】

定価 本体7,800円+税　　DVD 94分 英語音声 日本語字幕
ISBN:9784775960622

ジョン・マーフィーの専門であるテクニカル分析とは少し異なり、市場同士の関係とセクター循環がテーマ。また、講演の最後には「告白タイム」と称して、テクニカルとファンダメンタルズの違いや共通点についても熱く語っている。

プログラム
1. 市場の関係
2. セクター循環
3. ファンダメンタルズとテクニカル

小次郎講師流 目標利益を安定的に狙い澄まして獲る
真・トレーダーズバイブル

小次郎講師【著】

定価 本体2,800円+税　ISBN:9784775991435

エントリー手法は、資金管理とリスク管理とセットになって、はじめてその効果を発揮する。

本書では、伝説のトレーダー集団「タートルズ」のトレードのやり方から、適切なポジション量を導き出す資金管理のやり方と、適切なロスカットをはじき出すリスク管理のやり方を紹介しています。どんなに優れたエントリー手法があったとしても、資金管理（適切なポジション量）とリスク管理（どこまでリスクを許容すべきか）が構築されていないと、その効果を十二分に発揮できないからです。「破産しないこと」を前提に、安定的に、目標利益を狙い澄まして獲れるトレーダーのことを、本書ではVトレーダーと呼んでいます。Vトレーダーになるために、何をすべきか。その答えを本書の中で明かしています。

ウィザードブックシリーズ194
利食いと損切りのテクニック
トレード心理学とリスク管理を融合した実践的手法

アレキサンダー・エルダー【著】

定価 本体3,800円+税　ISBN:9784775971628

自分の「売り時」を知る、それが本当のプロだ！

本書は、「売りの世界」について、深く掘り下げており、さまざまなアイデアを提供してくれる。しかも、2007～2009年の"超"弱気相場での具体的なトレード例が満載されており、そこからも多くの貴重な教訓が得られるはずだ。さらに、内容の理解度をチェックするため、全115問の確認テストと詳細な解説も収められている。本書をじっくり読み、売る技術の重要性とすばらしさを認識し、トレードの世界を極めてほしい。

あなたのトレード判断能力を大幅に鍛える
エリオット波動研究

一般社団法人日本エリオット波動研究所【著】

定価 本体2,800円+税　ISBN:9784775991527

基礎からトレード戦略まで網羅したエリオット波動の教科書

エリオット波動理論を学ぶことで得られるのは、「今の株価が波動のどの位置にいるのか（上昇波動や下落波動の序盤か中盤か終盤か）」「今後どちらの方向に動くのか（上昇か下落か）」「どの地点まで動くのか（上昇や下落の目標）」という問題に対する判断能力です。

エリオット波動理論によって、これまでの株価の動きを分析し、さらに今後の株価の進路のメインシナリオとサブシナリオを描くことで、それらに基づいた「効率良いリスク管理に優れたトレード戦略」を探ることができます。そのためにも、まずは本書でエリオット波動の基本をしっかり理解して習得してください。

エリオット波動入門
相場の未来から投資家心理までわかる

ロバート・R・プレクター・ジュニア、A・J・フロスト【著】

定価 本体5,800円+税　ISBN:9784775971239

20周年記念版に関する出版者のノート

本書の初版本は1978年に出版されたが、そのときのダウ工業株平均は790ドルだった。初版本が出版されると、書評家たちはこぞって波動原理に関する決定的な参考書だと称賛したが、残念なことにベストセラーとなるには数十万部も及ばなかった。しかし、本書の興味あるテーマと長期の株価を正確に予想したことに対する関心が大きく高まったことから、毎年増刷を続け、ついにウォール街では古典の地位を獲得するまでになった。波動原理そのものはもとより、本書も長い時の試練に耐えている。

ウィザードブックシリーズ 206

プライスアクション
トレード入門

アル・ブルックス【著】

定価 本体5,800円+税　ISBN:9784775971734

指標を捨て、価格変動と
足の動きだけに注視せよ!

単純さこそが安定的利益の根源! 複雑に組み合わされたテクニックに困惑する前に、シンプルで利益に直結するチャートパターンを習得しよう。トレンドラインとトレンドチャネルライン、前の高値や前の安値の読み方、ブレイクアウトのダマシ、ローソク足の実体やヒゲの長短など、相場暦20年のトレーダーが体得した価格チャートの読み方を学べば、マーケットがリアルタイムに語りかけてくる仕掛けと手仕舞いのポイントに気づくことができるだろう。

ウィザードブックシリーズ 262

プライスアクション
短期売買法

ロレンツィオ・ダミール【著】

定価 本体2,000円+税　ISBN:9784775972311

値動きだけに注視せよ! 短期でやるか、長期でやるか、FXでやるか、株価指数でやるか!

本書は金融市場のプライスアクション分析について書かれたものである。ほかではほとんど目にすることのない概念、アイデア、プライスアクションを使ったトレード手法が網羅されている。

本書に書かれたことは、FX、先物、株式、コモディティをはじめとするどんな市場にも応用できる。基本的な考えは、鍵となる供給と需要水準を見極めて、純粋なるプライスアクション、つまりチャート上での値動きだけを見てトレードするというものだ。本書に書かれた概念やトレード手法を学習すれば、仕掛けから手仕舞いまでが目に見えて改善するだろう。

ウィザードブックシリーズ80

ディナポリの秘数
フィボナッチ売買法

ジョー・ディナポリ【著】

定価 本体16,000円+税　ISBN:9784775970423

押し・戻り分析で仕掛けから手仕舞いまでわかる

本書は、投資市場における「押しや戻り」を正確に当てるフィボナッチを基本したトレーディング手法を紹介したものである。この不思議な数値である0.382や0.618は、投資家として、またトレーダーとしてワンランク上を目指す者、どうしても現状の沈滞ムードを打破できない者にとっては絶大な力と啓示を与えてくれるだろう！
レオナルド・フィボナッチが発見した秘数があなたに莫大な財産を作らせる第一歩になるかもしれない！

ウィザードブックシリーズ36

ワイルダーのテクニカル分析入門
オシレーターの売買シグナルによるトレード実践法

J・ウエルズ・ワイルダー・ジュニア【著】

定価 本体 9,800円+税　ISBN:9784939103636

あなたは、RSIやADXの本当の使い方を知っていますか？

RSI、ADX開発者自身による伝説の書！ワイルダーの古典をついに完全邦訳。ウエルズ・ワイルダーは、テクニカル・トレーディング・システムに関する斬新か つ独創的な概念を次々と考案し、世界中にその名を知られている。この分野に革命を起こした本書は、今やテクニカル派にとって伝説ともいえる1冊だ。また図表やワークシート、チャートをふんだんに使って、初心者でもその指標を簡単に算出できるように配慮した本書は、すべてのトレーダーにとってかけがえのない 財産になるだろう。

マーセル・リンク

http://www.marcellink.com/

1988年からトレードに従事。始めたばかりのころS&P株価指数オプションで当時の彼としては巨額の600ドルを失った。それ以後、成績は向上した。過去20年間ニューヨーク金融取引所やニューヨーク綿花取引所のフロアで先物をトレードし、商品先物ブローカー会社（リンク・フューチャーズ）を創始者であり、コモディティ・プール・オペレーターを務め、大手デイトレード会社数社で株式のデイトレードを担当した。現在は独立のトレーダーとして大半の株価指数先物を手掛けている。コンサルティングにも応じ、2008年からセミナーにも力を入れている。

ウィザードブックシリーズ108

高勝率トレード学のススメ
小さく張って着実に儲ける

定価 本体5,800円+税　ISBN:9784775970744

あなたも利益を上げ続ける
少数のベストトレーダーになれる！
高確率な押し・戻り売買と正しくオシレーターを使って、運やツキでなく、将来も勝てるトレーダーになる！　夢と希望を胸にトレーディングの世界に入ってくるトレーダーのほとんどは、6カ月もしないうちに無一文になり、そのキャリアを終わらせる。この世でこれほど高い「授業料」を払う場があるだろうか。過酷なトレーディングの世界で勝つためのプログラムを詳しく解説。

ウィザードブックシリーズ205

続高勝率トレード学のススメ
自分に合ったプランを作り上げることこそが
成功への第一歩

定価 本体5,800円+税　ISBN:9784775971727

トレードはギャンブルではない！
万人向けの出来合いのトレードプランなどあり得ない
自分流のスタイルを見つけよう！ トレーダーは成功のチャンスをものにしたいと思ったら、十分に練り上げられ、自分にあったプランが必要になる。そこには、仕掛けや手仕舞いの時期、資金管理の原則、プレッシャーを受けても一貫して決めたとおりに実行する規律が必要である。

ウィザードブックシリーズ 223

出来高・価格分析の完全ガイド

100年以上不変の「市場の内側」をトレードに生かす

アナ・クーリング【著】

定価 本体3,800円+税　ISBN:9784775971918

FXトレーダーとしての成功への第一歩は出来高だった！

本書には、あなたのトレードにVPAVolume Price Analysis（出来高・価格分析）を適用するために知らなければならないことがすべて書かれている。それぞれの章は前の章を踏まえて成り立つものだ。価格と出来高の原理に始まり、そのあと簡単な例を使って2つを1つにまとめる。本書を読み込んでいくと、突然、VPAがあなたに伝えようとする本質を理解できるようになる。それは市場や時間枠を超えた普遍的なものだ。

ウィザードブックシリーズ 298

出来高・価格分析の実践チャート入門

アナ・クーリング【著】

定価 本体3,800円+税　ISBN:9784775972694

出来高と価格とローソク足のパターンから近未来が見える！206の実例チャートのピンポイント解説

アナ・クーリングのロングセラーである『出来高・価格分析の完全ガイド』が理論編だとすると、本書は実践編と言えるものだ。本書を完璧にマスターすれば、5分足であろうが、1時間足であろうが、日足や週足や月足であろうが、いろんな時間枠に対応できるようになるので、長期トレーダーや長期投資家だけでなく、短期トレーダーにも本書の刊行は朗報となるだろう。